军事知识大观

MILITARY

主编◎王子安

汕頭大學出版社

图书在版编目（CIP）数据

军事知识大观 / 王子安主编. -- 汕头 : 汕头大学出版社，2012.5
ISBN 978-7-5658-0763-3

Ⅰ. ①军… Ⅱ. ①王… Ⅲ. ①军事—通俗读物 Ⅳ. ①E-49

中国版本图书馆CIP数据核字(2012)第096719号

军事知识大观 JUNSHI ZHISHI DAGUAN

主　　编：王子安
责任编辑：胡开祥
责任技编：黄东生
封面设计：君阅书装
出版发行：汕头大学出版社
　　　　　广东省汕头市汕头大学内　邮编：515063
电　　话：0754-82904613
印　　刷：三河市嵩川印刷有限公司
开　　本：710 mm×1000 mm　1/16
印　　张：16
字　　数：90千字
版　　次：2012年5月第1版
印　　次：2024年1月第2次印刷
定　　价：69.00元
ISBN 978-7-5658-0763-3

浩瀚的宇宙，神秘的地球，以及那些目前为止人类尚不足以弄明白的事物总是像磁铁般地吸引着有着强烈好奇心的人们。无论是年少的还是年长的，人们总是去不断的学习，为的是能更好地了解与我们生活息息相关的各种事物。身为二十一世纪新一代的青年，我们有责任也更有义务去学习、了解、研究我们所处的环境，这对青少年读者的学习和生活都有着很大的益处。这不仅可以丰富青少年读者的知识结构，而且还可以拓宽青少年读者的眼界。

军事是与战争、军队、军人有关事务的总称。军事学与甚多范畴有关，主要与战争有关。此外，军事学本身包含了各种学问。军事是政治的一部分，战争是政治的一种延续，是一国或者集团用暴力手段达到自己目标和目的的方式，而目标和目的往往与利益有关。本文讲述的即是跟军事相关的知识，共分为六章。第一章是军事总论，包括战争、战略、战术、战役、战斗等名词的介绍；第二章是近代西方军事理论和中国军事理论的介绍；第三、四、五章则是介绍了二次世界大战和历史上著名的世界战役；第六章介绍了中国和西方著名的军事家。相信青少年读者阅读了此书以后，会对军事知识有一个宏观的把握。

综上所述，《军事知识大观》一书记载了军事知识中最精彩的部分，从实际出发，根据读者的阅读要求与阅读口味，为读者呈现最有可读性兼趣味性的内容，让读者更加方便地了解历史万物，从而扩大青少年读者的知识容量，提高青少年的知识层面，丰富读者的知识结构，引发读者对万物产生新思想、新概念，从而对世界万物有更加深入的认识。

此外，本书为了迎合广大青少年读者的阅读兴趣，还配有相应的图文解说与介绍，再加上简约、独具一格的版式设计，以及多元素色彩的内容编排，使本书的内容更加生动化、更有吸引力，使本来生趣盎然的知识内容变得更加新鲜亮丽，从而提高了读者在阅读时的感官效果，使读者零距离感受世界万物的深奥、亲身触摸社会历史的奥秘。在阅读本书的同时，青少年读者还可以轻松享受书中内容带来的愉悦，提升读者对万物的审美感，使读者更加热爱自然万物。

尽管本书在制作过程中力求精益求精，但是由于编者水平与时间的有限、仓促，使得本书难免会存在一些不足之处，敬请广大青少年读者予以见谅，并给予批评。希望本书能够成为广大青少年读者成长的良师益友，并使青少年读者的思想得到一定程度上的升华。

2012年7月

目 录
contents

第一章 军事总论

第二章 军事理论

第三章 世界大战

第四章 世界战争

第五章　世界著名战役

第六章　著名军事家

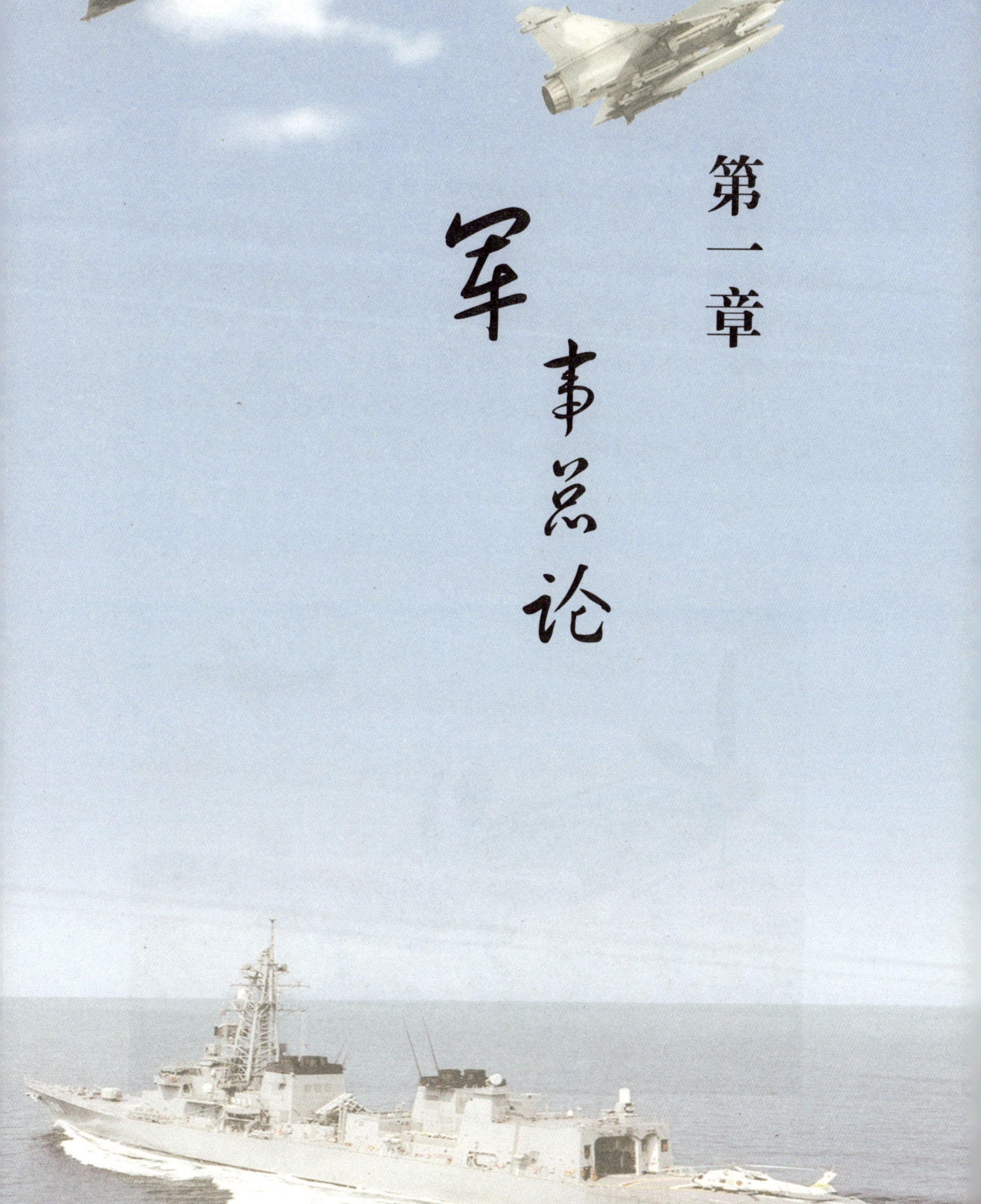

第一章 军事总论

军事知识大观

军事是与战争、军队、军人有关事务的总称。军事学与许多范畴有关，主要与战争有关。诸如武装力量的组织、训练和作战行动，武器装备的研制、生产和使用，战略战术的研究和应用，战争物资的储备和供应，国防设施的计划和建造，后备力量的动员、组织和建设等都属于军事的范畴。此外，军事学本身也包含了各种学问。军事是政治的一部分。战争是政治的一种延续，是一国或者集团用暴力手段达到自己目标和目的的方式，而目标和目的往往与利益有关。战争是军事的集中体现，但不是唯一的体现。第二次世界大战（1939—1945年）后的美国和苏联的冷战，就是一种威慑基础上的回避战争方式的斗

军事战斗机

争。在人类可以看到的未来，军事始终是政治生活中很重要的一个方面，并在科学技术上给人类生活以重大影响。人类很多科技成就往往先产生于军事领域，然后才普及到非军事领域。

军事不是孤立的活动，它涉及国家的政治、经济、科学技术、文化教育、意识形态等各个方面，既受这些因素的制约，又对它们产生不同程度的作用。正如中国古代著名军事家孙武所说的："兵者，国之大事，死生之地，存亡之道，不可不察也。"

美国海舰

战争是政治集团之间、民族（部落）之间、国家之间的矛盾最高的斗争表现形式，是解决纠纷的一种最高、最暴力的手段，通常也是最快捷最有效果的解决办法。阶级社会的战争，是用以解决阶级和阶级、民族和民族、国家和国家、政治集团和政治集团之间矛盾的最高的斗争形式。它是政治通过暴力手段的继续，是流血的政治。

战争分为正义战争和非正义战争，这是由进行战争的政治目的

残酷战争

决定的。正义战争包括：奴隶农民起义、农民革命战争、阶级解放战争、民族解放战争、反侵略战争、自卫战争等等。正义战争是为人民利益而战的，对社会的发展起着巨大的推动作用，是历史发展的火车头。与此相反，非正义战争包括：争霸战争、反革命战争、殖民战争、帝国主义战争、侵略战争等等，是为维护剥削阶级的利益和反动阶级的政治服务的，违背了人民的根本利益和社会的发展方向，是把人民推向灾难的战争。

战争是在原始社会后期出现的。据考古资料证明，最早的战争出现在中石器时代的初期。这说明，人类从原始人群到现在，在大约二三百万年的历史长河中，有战争的历史还不到一万年（另一说法年数超过万年）。日益频繁的战争，驱使原始公社制解体，人类进入了奴隶社会。从此以后，战争变

欧洲早期战争

成了政治的工具、阶级斗争的最高手段。私有制、阶级压迫和经济利益的冲突，成为发生战争的基本根源。掠夺和反掠夺、压迫和反压迫、侵略和反侵略、争霸和反争霸、扩张和反扩张的战争，便成为阶级社会的特殊的、必然的现象。

到20世纪80年代，在有文字记载的3500多年的时间里，世界上共发生过14 531次战争。帝国主义、霸权主义是现代战争的根源。在当今和未来，引发战争的因素是多种多样的，其中主要的有争夺势力范围、领土争端、边界纠纷、掠夺战略资源、争夺市场、意识形态斗争、宗教矛盾、民族矛盾等等，这些因素是现代战争的直接起因。

战　略

战略是筹划和指导战争全局的方略。即根据对国际形势和敌对双

军事轰炸

方政治、军事、经济、科学技术、地理等诸因素的分析判断，科学预测战争的发生与发展，制定战略方针、战略原则和战略计划，筹划战争准备，指导战争实施所遵循的原则和方法。战略产生于战争实践，长期使用于军事领域，本义即军事战略。战略可按不同的标准划分类型。按社会历史时期划分，可分为古代战略、近代战略、现代战略；按作战性质划分，有进攻战略和防御战略；按使用武器的类型划分，有常规战争战略和核战争战略（见核战略）；按军种划分，有陆军战略、海军战略和空军战略；按作战持续时间划分，有速决战略和持久战略等。

凡属有关战争准备与实施，军事力量的建设和使用的全局性的内容，都是战略所要研究和解决的问题。主要是：为制止和推迟战争而进行的斗争；为对付战争而进行的长远准备和临战准备；战争爆发后的战略领导与指挥；结束战争的战略决策与处置等。

自有战争以来，战略便出现

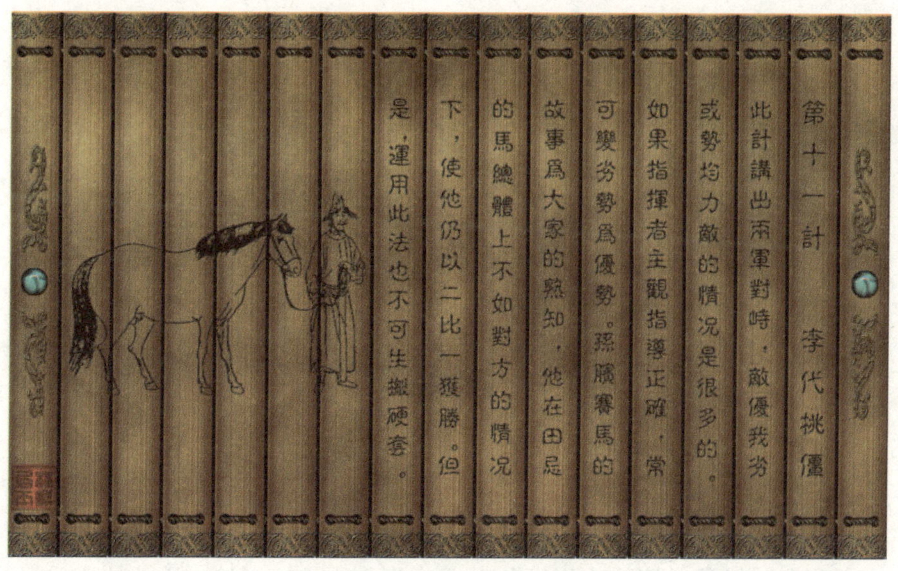

中国最早的战略筹划著作—《孙子兵法》

于人们的战争实践活动中。随着战争和社会的发展，战略经历了形成、发展和不断完善的漫长过程。在中国，战略一词历史久远，“战”指战争，略指“谋略”。春秋时期孙武的《孙子兵法》被认为是中国最早对战略进行全局筹划的著作。战略一词，在中国最早见于西晋初史学家司马彪所著《战略》一书，后屡见于《三国志》《廿一史战略考》等史籍中。19世纪末，中国开始用“战略”翻译西方的“strategy”一词。20世纪30年代，毛泽东在《中国革命战争的战略问题》中指出：“战略问题是研究战争全局规律的东西。”毛泽东关于战略的论述，奠定了现代中国战略定义的基础。英文“strategy”一词源于希腊语“strategia”，意为军事将领、地方行政长官。后来演变成军事术语，指军事将领指挥军队作战的谋略。古罗马军事理论家弗龙蒂努斯早在公元84—96年间就撰写了《谋略》一书。

战　术

战术是指导和进行战斗的方法。主要包括：战斗基本原则以及战斗部署、协同动作、战斗指挥、战斗行动、战斗保障、后勤保障和技术保障等。按基本战斗类型分为进攻战术和防御战术；按参加战斗的军种、兵种分为军种战术、兵种战术和合同战术；按战斗规模分为兵团战术、部队战术和分队战术。

战术反映战斗的规律，是军事学术的组成部分，从属于战略、战役，又对战略、战役的发展产生一定的影响。战术的形成和发展，受军事技术、士兵素质、军队组织编制、训练水平、民族特点、地理等条件的影响，其中军事技术和士兵素质具有决定作用。但是，战术特别是现代战术，又促进军事技术的发展和人员素质的提高。

军事战术学习

现代科学技术的进步，正促使军队的武器装备继续朝着装甲化、自动化、导弹化和远射程、高精度、大威力、抗干扰、多用途等方向发展，对战术的变革将带来广泛而深远的影响。主要是：利用核武器、化学武器的突击效果和力求减少这些武器给己方造成的损害，已成为战斗的重要因素；攻防正面和纵深增大，兵力兵器部署更加强调疏散和迅速转入地下；部队的合成程度和独立作战能力不断提高，合同战术进一步向分队范围发展；地面装甲突击和空降突击相结合的战斗将成为主要样式，空中机动、纵深攻击、垂直包围等手段被广泛采用，远战地位加强；指挥、控制、通信和情报系统进一步电子化，快速反应能力将迅速提高；电子对抗在战斗范围内的广泛展开，不仅使战术更加复杂多变，还直接影响到战斗的成败。

战 役

战役是指军队为达到战争的局部目的或带全局性的目的，根据战略赋予的任务，在战争的一个区域或方向，于一定时间内按照一个总的作战企图和计划，进行的一系列战斗的总和。战役是介于战争与战斗之间的作战行动。它是战争的一个局部，直接服务和受制于战争全局，也不同程度地影响战争全局。它直接运用战斗，也为战斗的成败

战 役

中途岛战役

所直接影响。

现代战役，通常是诸军种、兵种共同进行的合同战役。按作战的目的和性质分，有进攻战役和防御战役。按参战的军种分，有陆、海、空等军种的独立战役，有陆海、陆空、海空及陆海空等几个军种的联合战役。按作战行动空间分，有陆上战役、海上战役、空中战役等。按作战规模分，有大型战役（如大的战区或方面军群进行的战役），中型战役（如中等战区或方面军进行的战役），小型战役（如小的战区或集团军进行的战役）。在一次大型战役中通常包括几个中小型战役。其中陆上战役，按作战形式又分为：阵地战战役、运动战战役和游击战战役以及几种形式相结合的战役等。阵地战战役依阵地坚固程度不同，又分为野战阵地和坚固阵地的进攻战役和防御战役。还可按地形和气候条件分为各种地形和气候条件下的战役，如江河水网地区、荒漠草原地区、高寒地区、热带山林地区等进攻和防御战役。

在外国，17世纪以前多把大规模作战称为“会战”。“战役”一词，在中国始见于1894年中日甲午战争的史料中，当时称甲午海战为“甲午战役”“日清战役”等。1908年，蔡锷提出战役是一个作战等级，并指出：“军者，战役中能独立专任一方面之战事者也。”此后，战役作为一个军事术语使用日渐广泛。在前苏联，使用战役这一术语始见于20世纪20年代。美国长期不使用战役概念，直至1982年才在其《作战纲要》中使用了“战役”一词。

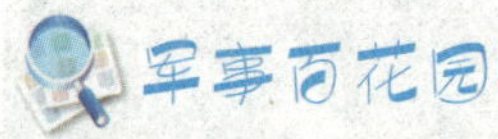

中国古代经典战役

长勺之战（曹刿——齐桓公，3万——3万，曹刿后发制人，敌疲后打，追击时准确判断敌情，一举败敌）。

长平之战（白起——赵括，60万——45万，赵括只会纸上谈兵，而白起关门捉贼，一举坑杀赵军四十多万人）。

官渡之战（曹操——袁绍，2万——10余万，歼7万余人）。

赤壁之战（周瑜——曹操，5万——20余万，为三国鼎立奠定了基础）。

合肥之战（张辽——孙权，7千——10万，大败吴军）。

夷陵之战（陆逊——刘备，5万——数10万，蜀国从此衰落）。

淝水之战（谢玄——苻坚，8万——97万，苻坚至洛阳，仅剩10余万）。

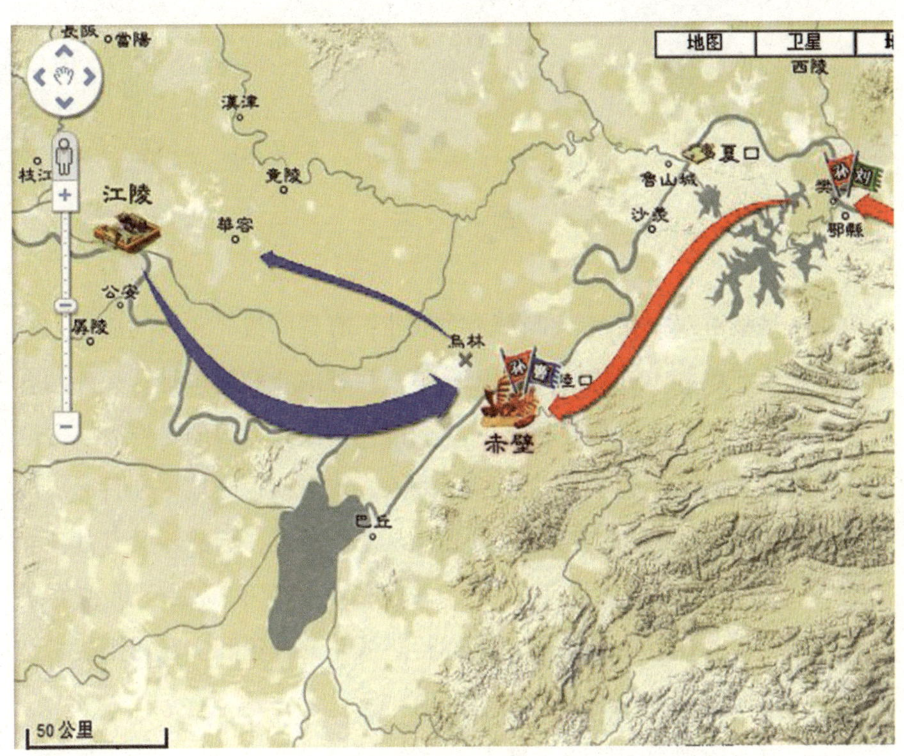

赤壁之战地图

巨鹿之战（项羽——章邯，3万——30万，歼灭）。

彭城之战（项羽——刘邦，3万——56万，歼20万）。

井陉之战（韩信——赵王歇，3万——20万，灭赵，俘赵王歇）。

潍水之战（韩信——齐王，数万——20万，灭齐）。

垓下之战（韩信——项羽，40万——10万，项羽四面楚歌，突围后自杀）。

漠北之战（霍去病——匈奴单于，20万——10万，匈奴被歼8万多人）。

昆阳之战（刘秀——王邑，不足2万——42万，王邑仅率数千人逃回洛阳）。

战　斗

战斗是敌对双方兵团、部队、分队（单机、单舰）进行的有组织的武装冲突，是夺取战争胜利的主要手段。战斗的基本类型是进攻和防御。根据战斗展开的空间、地形、天候条件以及参加战斗的军种、兵种的不同，有地面战斗、海上战斗（见海战）和空中战斗（见空战）；有一般地形、气象条件下的战斗和特殊地形、气象条件下的战斗；有昼间战斗和夜间战斗；有单一兵种战斗和诸军种、兵种的合同战斗。战斗的目的是歼灭或击溃敌人，攻占或扼守地区和目标。战斗从属于战役，但战斗又有其独立性，依据情况和需要，可独立进行。战斗的理论和实践属于战术范畴。

“战斗”一词，在中国始见于《左传·昭公二十五年》中的“喜有施舍，怒有战斗”。战斗的内容是随着兵器的发展而发展的。在冷兵器时代，战斗主要是由配有冷兵器的士兵结成一定阵形，以白刃格斗决胜负。这种以冷兵器杀伤作为战

战　斗

斗基本内容的格斗方式，经历了徒步格斗、车战和步骑战等阶段，持续了一个漫长的历史时期。火器的出现，特别是线膛武器的出现和广泛应用后，火力逐渐成为决定战斗胜负的一个重要因素。第一次世界大战时，军队装备了大量的机枪、火炮和少量的坦克、飞机，出现了步兵、炮兵、坦克和航空兵在统一计划下，按目的、时间和地点协调一致进行的合同战斗。第二次世界大战期间，大量坦克和飞机用于战场，与敌坦克、飞机、空降兵作斗争，成为地面战斗的重要内容。

随着现代科学技术的发展，许多国家的军队装备了导弹、核武器和新型坦克、火炮、飞机、防空兵器，以及电子、红外等技术器材，军队的火力、突击力、机动力明显增强，防护力也有很大提高，严密组织对核、化学、生物武器袭击的防护和对精确制导武器的防护，已是现代战斗的重要因素之一。现代战斗是立体的合同战斗，具有杀伤破坏力大、高度激烈紧张、情况变化快、战斗样式转换迅速、指挥协同复杂和勤务保障艰巨等特点。在地面战斗中，已由打步兵为主变为打装甲目标为主，同时还要打空降、打飞机。与敌方核、化学、生物武器和电子技术器材作斗争，已成为现代战斗的重要内容。

“台风”战斗机

军队

军队是国家或政治集团为准备和实施战争而建立的正规的武装组织。它是国家政权的主要成分，是执行政治任务的武装集团，是对外抵抗或实施侵略、对内巩固政权的主要暴力工具。被统治阶级、被侵略民族及其政党为夺取政权、争取独立所建立的常备武装组织亦称军队。国家或政治集团的阶级性质，决定军队的基本性质和使命。

军　队

现代军队一般分为若干军种，编有领导指挥机关、作战部队、后勤保障系统、院校和科研机构等，由军官、士兵和文职人员组成。通常采取统一的组织编制，拥有制式的武器装备，实施专门的教育训练，实行严格的规章制度，保持一定的作战能力和战备水平。

军队随着阶级和国家的出现而出现，发展而发展，并将随着阶级和国家的消亡而消亡。约于公元前4世纪至前6世纪初，古代埃及、苏美尔、阿卡得、乌尔、巴比伦、赫梯、亚述、乌拉尔图、印度等早期奴隶制国家出现了军队，作为掠夺奴隶、家畜和财产，镇压奴隶起义的工具。军队的成员主要是奴隶主和自由民。兵种主要是步兵，有的有车兵、骑兵，有的还组建了海上舰队。中国古代的夏朝，出现了由王控制的军队。春秋时代，诸侯和卿大夫势力增强，扩大军队。军队成为最大编制单位。

现代世界各国军队，在领导体制上，一般以国家或执政党的首脑为最高统帅，并在政府设国防部，在军队设领导指挥机构。在军队结构上，按作战领域、使命和主要武器装备，一般分为陆、海、空军，有的还有战略火箭军和防空军。不少国家在军种之内还区分兵种，设有专门的兵种领导机构。在部队体制上，陆军一般按师（旅）、团、营、连、排、班的序列编制，有的还编有军或集团军。海军均以舰队

军队的飒爽英姿

为基本编组单位。空军多数国家以师或联队为最高作战单位。在部队编成上，继续向诸军兵种合成发展，并组建快速反应部队。在组织规模上，平时实行精干的常备军和庞大的后备军相结合，以利平时少养兵，战时多出兵。

随着社会生产力的提高和科学技术的发展并应用于军事，许多国家的军队将从本国战略需要和实际条件出发，积极利用先进科学技术成果，不断改进指挥、控制、通信和情报系统，改进现有的武器系统，发展新的、威力更大的武器系统，不断改革组织编制，改变人员结构，扩大科技工程人员的比重，提高官兵军事科学知识和专业技术水平，军队将进一步成为知识密集的部门，继续提高各军种各部队的合同作战和独立作战的能力，并组建新的军种、兵种，能在陆地、水面、水下、空中以至宇宙空间遂行作战任务。

◆陆　军

陆军是在陆地上作战的军种。它同军队一样古老，自古以来一直是军队的主要组成部分。现代陆军主要由步兵（摩托化步兵、机械化步兵）、装甲兵（坦克兵）、炮兵、陆军防空兵、陆军航空兵、电子对抗兵（电子对抗部队）、工程兵、防化兵（化学兵）、通信兵、侦察兵等兵种和专业兵组成。有的国家的陆军还有空降兵、导弹兵（火箭兵）、铁道兵和特种部队等。通常设有军种领导指挥机关，其军种领导指挥机关的名称不尽一致，有的称陆军部，有的称陆军总

中国人民解放军
陆军军徽

司令部，有的称陆军司令部，有的称陆军参谋部等。但也有的国家不单设陆军领导指挥机关，其陆军的领导和指挥职能一般由军队总部兼负。各国陆军通常按师（旅）、团、营、连、排、班的序列编制，有的国家的陆军还编有集团军（军）一级。主要装备步兵武器、汽车、坦克、装甲车、火炮、导弹（火箭）、直升飞机和各种技术器材。现代陆军是一个多兵种、多系统和多层次有机结合的整体，具有强大的火力、突击力和高度的机动能力。既能独立作战，又能与其他军种联合作战。

当今，世界上几乎所有的国家都建有陆军。许多国家的陆军都由五个以上的兵种和保障部队构成，每个兵种又由不同层次、多种类型的部队编成。

美国陆军按任务性质区分为战斗兵种、战斗支援兵种和战斗勤务支援兵种。战斗兵种有装甲兵、机械化步兵、步兵、轻步兵、空降

陆军装甲兵部队

（空中突击）兵。战斗支援兵种有野战炮兵（包括地地战术导弹部队）、防空炮兵（包括防空导弹部队）、工程兵、通信兵、化学兵、航空兵、侦察兵、军事情报和宪兵。战斗勤务支援兵种有行政、牧师、民事、财务、军法、军械、军需、卫生、补给、维修、工程建筑、运输等。其最高行政领导机构为陆军部，最高军事指挥机构为陆军参谋部。部队编制序列为集团军、军、师、旅、营、连。

中国陆军的发展

中国人民解放军陆军诞生于1927年，战争年代主要是步兵，有少量

步 兵

的炮兵、工程兵、通信兵、坦克兵和防化兵。中华人民共和国成立后，逐步由以步兵为主发展成包括炮兵、装甲兵以及工程兵、通信兵、防化兵、电子对抗部队、陆军航空兵等战斗兵种、战斗保障兵种和专业部队在内的合成军种。20世纪80年代以来，炮兵、装甲兵、工程兵、防化兵为主体的兵种部队在陆军编制中所占比重已达三分之二以上。中国人民解放军陆军不设军种部，其职能由总参谋部兼负。部队编制序列为集团军、师、团、营、连。

装甲兵

◆海　军

海军是一个国家对海上军事和防御的全部军事组织，包括船只，人员和海军机构。现代海军通常由水面舰艇部队、潜艇部队、海军航空兵、海军岸防兵和海军陆战队等兵种及专业兵

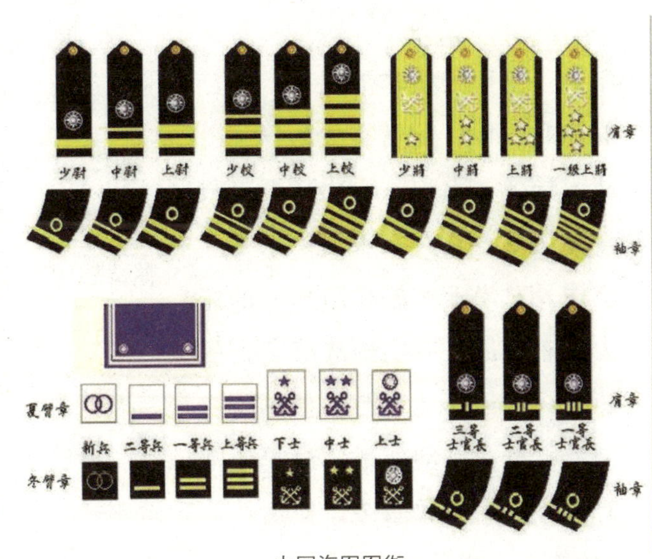

中国海军军衔.

中国海军军姿

组成。主要装备作战舰艇、辅助舰船和飞机，配备有战略导弹、战术导弹、火炮、水中武器、战斗车辆等。具有在水面、水下、空中及对岸上实施攻防作战的能力，有的还具有实施战略袭击的能力。可独立地或与其他军种协同遂行海洋机动作战。海军通常有着特定的制式服装，使用特殊的旗帜、徽章等标志。

海军的产生和发展源远流长。它以战船或舰艇为主线，从原始简单的古代战船，发展到多系统的现代舰艇，从个别分散的技术推演出密集综合的技术，经历了数千年的漫长过程。古代埃及、腓尼基、中国、希腊是世界造船和航海的发源地。古代埃及的造船和航海历史最为悠久，可追溯到公元前3000多年。最早的战船于公元前1200多年出现于埃及、腓尼基和希腊，主要用桨划行，有时辅以风帆。中国造船技术在历史上一度处于领先地位，在7000年前已能制造独木舟和船桨，春秋战国时期（公元前770—前221年）已建造用于水战的大型战船。

自人类进入了核时代，核导弹、核鱼雷、核水雷、核深水炸弹便相继出现，潜艇、航空母舰和巡洋舰向核动力化发展。20世纪50至

法兰西的骄傲——“戴高乐”级航母

60年代，喷气式超音速海军飞机搭载航空母舰之后，垂直/短距起落飞机、直升机等又相继装舰，使大、中型舰艇普遍具备了海空立体作战能力；潜射弹道导弹、中远程巡航导弹、反舰导弹、反潜导弹、舰空导弹、自导鱼雷、制导炮弹等一系列精确制导武器装备海军，进一步增强了现代海军的攻防作战、有限威慑和反威慑的能力；20世纪70年代以后，军用卫星、数据链通信、相控阵雷达、水声监视系统、超低频对潜通信、电子信息技术和电子计算机的广泛应用，使现代海军武器装备正逐步实现电子化、自动化、系统化，并向智能化方向发展，使海军技术发展成为高度综合的技术体系。

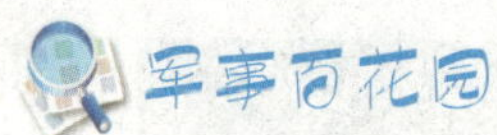

舰艇英文缩写符号

BB=Battleship=战列舰

CV=Carrier=航空母舰

中国导弹核潜艇

BC=Battlecruiser=战列巡洋舰

CA=Heavy Cruiser=重型巡洋舰

CL=Light Cruiser=轻型巡洋舰

DD=Destroyer=驱逐舰

FF=Frigate=护卫舰

CVN=Nuclear Carrier=核动力航空母舰

CGN=Nuclear Missile Cruiser=核动力导弹巡洋舰

CG=Missile Cruiser=导弹巡洋舰

DDG=Missile Destroyer=导弹驱逐舰

SS=Submarine=潜艇

SSN=Nuclear Submarine=核动力潜艇

SSBN=Nuclear Ballistic-missile Submarine=弹道导弹核潜艇

◆空　军

空军是主要进行空中作战的军种。多数国家的空军由航空兵、地空导弹兵、高射炮兵和雷达兵种组成，有的还编有地地战略导弹部队和空降兵。空军装备的机种，通常有歼击机、轰炸机、歼击轰炸机、强击机、侦察机、运输机、直升机及其他特种飞机。基本任务是：担负国土防空，对敌后实施空袭，进行空运和航空侦察。少数国家采取空军、防空军分立制，空军不承担国土防空任务。空军具有快速反应、高速机动、远程作战和猛烈突击的能力。在过去相当长的时期里，空军的主要作用是支援陆军、海军作战。随着装备技术水平和战争形态、作战样式的演变，现代空军不仅能与其他军种实施联合作战，还能独立遂行战役、战略任务，对战争的进程和结局产生了重大影响，成为现代国防和高技术局部战争中一支重要的战略力量。

无人歼击机

1903年12月17日，人类历史上的一个伟大时刻来到了。美国的莱特兄弟利用修理自行车的技术，并在对以往的滑翔机进行了卓有成效的改进的基础上，制造出了世界上

中国空军战斗机

第一架真正意义上的飞机——“飞行者”1号。1909年，美国陆军装备了世界上第一架军用飞机。1911年10月23日，意大利在和土耳其作战时，第一次使用了飞机。随后，军用飞机在德、英、法等欧洲国家得到了迅速的发展。

当前，军用飞机发展主要趋势是：广泛采用非金属材料，以减轻重量；重视应用隐身技术；发展垂直、短距起落飞机，以减少或摆脱对机场的依赖；广泛使用微电子技术和计算机技术，实现机载设备的综合化和智能化、机载武器精导化、远投化、集束化、通用化；采用电子和光电对抗措施增强电子对抗能力。用于美国制造的B-2隐身轰炸机在科索沃的出色表现，大型、多用途的隐形飞机将是各国竞相发展的对象。

军　校

军校是为国家培养高素质指挥与技术型人才的学府，同时也是人才成长的摇篮。世界四大著名军校分别是：美国的西点军校、英国的桑赫斯特皇家军事学院、俄罗斯的伏龙芝军事学院和中国的黄埔军校。

在当代中国，军校的最高学府是国防大学，该校着重培养部队高

广州黄埔军校

级将领。从这里走出去的高级指挥官们，将是未来战争的引领者与最高指挥者。其余比较有名的还有国防科技大学、解放军理工大学、解放军信息工程大学、解放军军事交通学院等。军校每年从部队和地方按比例招生，地方入校即入伍，享受军人待遇，在校期间一切学习生活费用由国家支付。平时着军装，佩带学员红肩章。专科三年毕业后一般授少尉正排军衔，本科四年毕业后授中尉副连军衔。顺利毕业后将获得军士与学士学位，工作由学校根据专业和各大军区需要分配，

中国人民解放军理工大学

去向涉及海陆空三军。

◆西点军校

美国军事学院常被称为西点军校。西点军校位于纽约州西点，距离纽约市约80公里。西点军校的校训是“责任、荣誉、国家”，该校是美国历史最悠久的军事学院之一。从该军事学校毕业的学生将获得理学学士，毕业后的军衔是陆军少尉。毕业生必须在军队中至少服役5年和3年的后备役。

美国西点学院徽章

乔治·华盛顿选中西点为堡垒建筑点，因为这是一个对于整个美洲都很重要的战略地点。西点在哈德逊河“S”弯之中，占据之人可以控制所有河运。1778年，萨丢斯·科什乌兹科设计了堡垒的外形。美国独立之后，华盛顿想在此建立一所全国军校，但是他的国务卿托玛斯·杰弗逊争辩说宪法之内没有给总统创立军校的权力。杰弗逊上任总统之后，在1802年3月16日签署了法律，建立美国军校，同年7月4日西点军校开学（即成立）。

1817—1833年，上校西尔维纳斯·萨耶尔担任校长。他将土木工程设置为学校主要课程，这个期间的毕业生修建了美国大部分最初的铁路线、桥梁、港口和公

美国国父——乔治·华盛顿

路。南北战争之后，美国开始建立其他工科学校，西点军校的课程开始扩展到土木工程之外领域。一次大战以后，校长道格拉斯·麦克阿瑟进一步增加学术课程。按照现代战争体能的要求，他推进了体育健身和运动节目。“每一个军校学生都是运动员”成为了一个重要目标。同时，军校学生传统的荣誉系统，成为校方正式规则。

◆黄埔军校

1924年，在国共两党首度携手合作、国民革命风起云涌之际，世纪伟人孙中山先生在广州亲手创办了一文一武两所学堂——国立广东大学（今天的中山大学）和黄埔军校。建校时的正式名称为“中国国民党陆军军官学校”，因其校址设在广州东南的黄埔岛，史称黄埔军校。黄埔军校建立的目的是为国

广州黄埔军校校舍

伟大的革命先行者——孙中山

民革命军训练军官，然后为国民政府北伐统一中国的主要军力。1946年，中国国民党移交军队于国家后改称“中华民国陆军军官学校”到现在。黄埔军校作为中国现代历史上第一所培养革命干部的新型军事政治学校，其影响之深远，作用之巨大，名声之显赫，都是始料所不及的。

黄埔军校建立以来，以孙中山的“创造革命军队，来挽救中国的危亡”为宗旨；以“亲爱精诚”为校训；以培养军事与政治人才，组成以黄埔学生为骨干的革命军，实行武装推翻帝国主义和封建军阀在中国的统治，完成国民大革命为目的。一方面积极进行孙中山革命的三民主义教育；一方面灌输马克思列宁主义的思想。军校采用军事与政治并重，理论与实践结合的教学方针，为中国革命培养了大批军事政治人才。广大黄埔师生在反帝反封建、争取国家统一与民族独立的斗争中立下了赫赫战功，为中国革命做出了重大贡献。

军事名词

◆士　兵

士兵一词源自意大利文“钱币”和“薪饷”，它作为军事术语最早出现于15世纪的意大利，当时指领取军饷的雇佣军人。后来经法国人传到其他国家，被许多国家的雇佣军所采用。17世纪30年代初，这一衔称被俄国新制团广泛使用，从18世纪初开始，授予服役一定年限的应募兵。为纪念俄军正规部队的第一名士兵布赫沃斯托夫，彼得一世下令为其铸造了青铜像，俄政

士　兵

府在募兵制度的法令中规定，被授予士兵军衔后的士兵就可以摆脱原来的农奴依从地位，连同妻子儿女一起被列入“士兵阶层”。1861年废除农奴制和1874年实行普遍征兵制后，“士兵”这一阶层的含义即消失。

当前，士兵这一术语，一般被用作对军士和兵的泛称，中国人民解放军则将其作为规范语言，用以对士官、军士和兵这三部分军人的统称。这一称呼于1988年9月23日在国务院、中央军委颁发的《中国人民解放军现役士兵服役条例》中，以法律的形式固定了下来。

◆后　勤

后勤作为一种军事活动，有它特定的后勤机构和后勤保障内容。随着资本主义经济发展和工业革命带来的武器装备的进步，后勤机构和后勤任务量膨胀得像雪球一样急

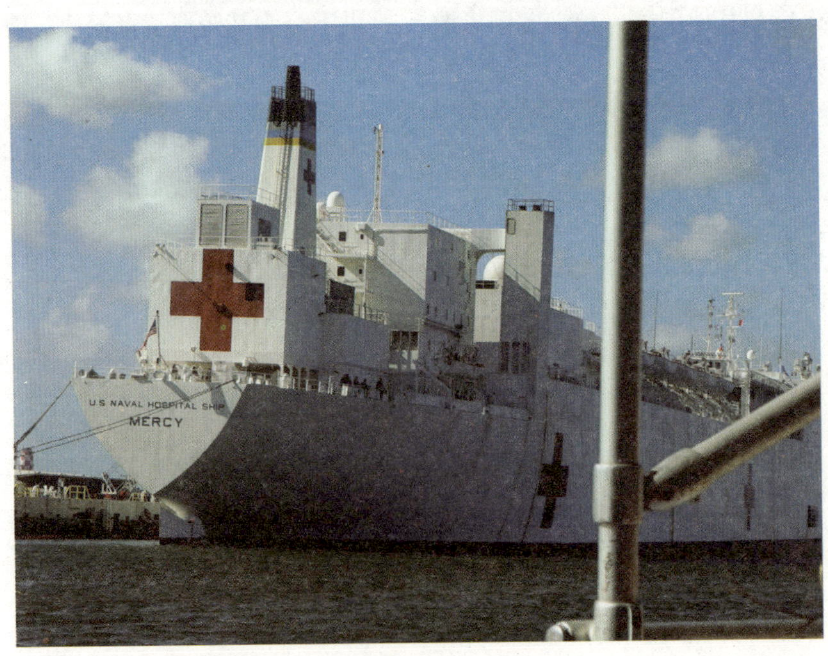

剧。主要表现在：①物资消耗数量增多，品种、结构发生极大变化，弹药、油料和工程器材代替粮草成为主要物资；②卫生保障随着医疗科学技术和交通运输工具的发展，逐步成为系列化的工作；③交通运输也成为军队的一项专门勤务；④军队武器装备逐渐由机器产品代替了手工制品。

“后勤”一词源出希腊文logistikos，意为“计算的科学”。公元9世纪30年代，拿破仑·波拿巴的政史官A.H.若米尼在总结征俄失败的经验教训时最先使用“后勤”概念，并以此作为军事术语。可见，后勤先出于军事上的用途，后勤工作最先是战争艺术中的重要部分之一。

1882年，美国海军历史学家A.T.马汉将这一术语解释为：通过国家经济动员，对武装力量提供保障。美国海军陆战队中校乔治·赛勒斯·索普于其1917年著的《理论后勤学——战争准备的科学》一书中认为，后勤与战略，战术一起构成战争科学的三大分支，现代战争的准备和实施必须有相关的后勤保障。索普生动地描绘：“战略之于战争，犹如情节之于戏剧，战术比之为演员扮演的角色，后勤则相当于舞台管理，置办道具及提供演出的种种维护工作。”

◆兵　器

兵器是军事斗争中包含有各种杀伤力、破坏力的器械装置，按其发展可分为冷兵器和火器。广义的冷兵器指冷兵器时代所有的作战装备。例如人们常说的十八般兵器：刀、枪、剑、戟、斧、钺、钩、叉、鞭、锏、锤、抓、镗、棍、槊、棒、拐、流星；火器是用火力杀伤人或用火力发射的兵器，如枪、炮、火箭筒、手榴弹、核武器（原子弹、氢弹）等。

北宋时期，火药开始用于兵

兵器——枪

器。中国是火药的故乡，中国的军队是最早使用火药武器的军队。在北宋的《武经总要》里边讲了三种配方，即蒺藜火球、霹雳火球、火炮火药法。火药传到西方以后，由于社会制度的变化，特别是和资本主义萌芽联系在一起，它有一个极大的发展。所以当时荷兰、西班牙这些商船到了中国，带来了当时西方先进的枪炮过来，明军才看到自己的落后，所以才开始注意到这个问题，就开始引进了西方的枪炮的制作技

手榴弹

术。鸦片战争以后，清朝开始练新兵，袁世凯练新兵等，开始引进新的西方的枪械以后，中国古代兵器的历史就结束了。

◆军　衔

军衔是区分军人等级、表明军人身份的称号、标志，是国家给予军人的荣誉。通常由将官、校官、尉官、准尉、士官、士兵构成其等级体系，有的国家还设有元帅。以置于肩、领或袖、帽等处的专门徽章符号，标志军人的军衔等级和所属军种、兵种及专业勤务。军衔的种类，按其性质，可分为正式军衔、临时军衔和荣誉军衔；按兵役，可分为现役军衔、预备役军衔和退役军衔。许多国家的法律规定，军衔是军人的终身荣誉，非经法律判决不得剥夺，具有一定功绩的军人退役后，在规定的场所有权着佩带军衔符号的军服。实行军衔制度，有利于提高军人的责任心和荣誉感、加强军队的组织纪律性、方便军队的指挥和管理、促进军队正规化建设，对国际联盟作战

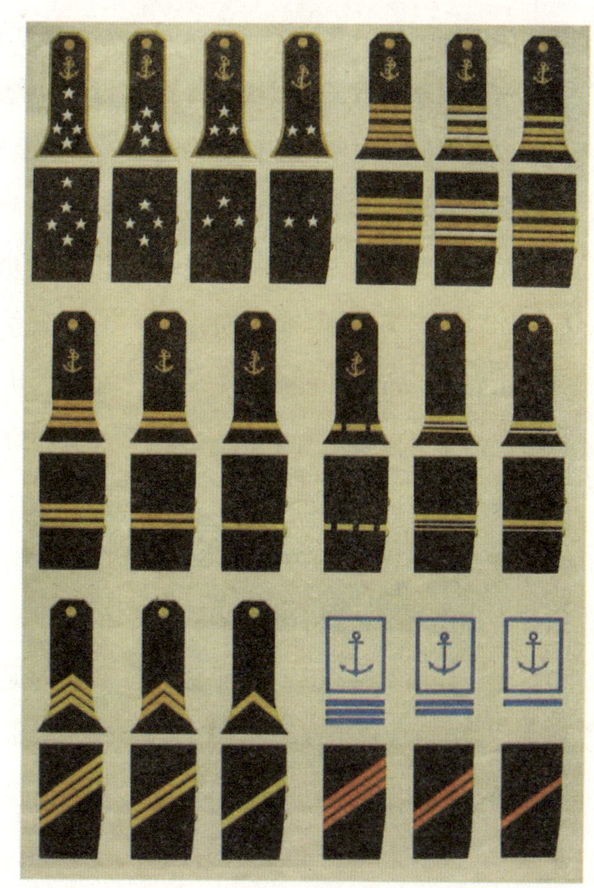
法国海军军衔

和军队交往也具有重要意义。

15世纪以前的世界各国军队中，只有官衔，没有军衔。军衔与官衔的根本区别是把士兵纳入了军队的等级体系，这是一种革命性的进步。最初用军衔代替官衔的变革，发生在15世纪至16世纪的意大利和法国等一些西欧国家。其原因是在这些国家的国王通过税收得到了雄厚的财源，雇佣国外的军人建立听命于自己的军队。从此以后，雇佣军成了国家的主要军事力量。雇佣军以步兵为主体，其成分大都是自由农民、市民、破产骑士、有产市民的子弟以及出身于其他阶层的普通人。雇佣军的组织以连为基本单位，几个连组成一个团。连的指挥官称作上尉，副手称中尉；团由称作上校的军官指挥，助手称为军士长，后来改称少校。

随着资本主义的发展，等价交换、平等权利等资本主义的社会原则反映到了军事领域，刺激着军队改变其官职的选拔制度：以出身门第世袭军职的旧传统破产了，建立起按劳绩战功获得军官职位的新制度。但是被选拔上来的这些非贵族的指挥官，由于没有爵位可供标志个人的身份，自己的荣誉、地位和待遇得不到社会的保障，于是，这些平民出身的军官们，强烈要求设立一种与其军职相对应的阶位称号，来保障自己的社会地位。终于导致了雇佣军中原先的某些职务名称，逐步转变成为个人的阶位称号，职务则用“连长”“团长”来命名。从而形成了军队职务与军衔等级相对应的两大体系，出现了包括军官、士兵在内的军队衔级制度。军衔制度的出现，促进了军队的建设。军衔制度对军队建设具有积极的促进作用，它逐步被世界各国军队所采用，400年来相沿不衰，显示出强大的生命力。

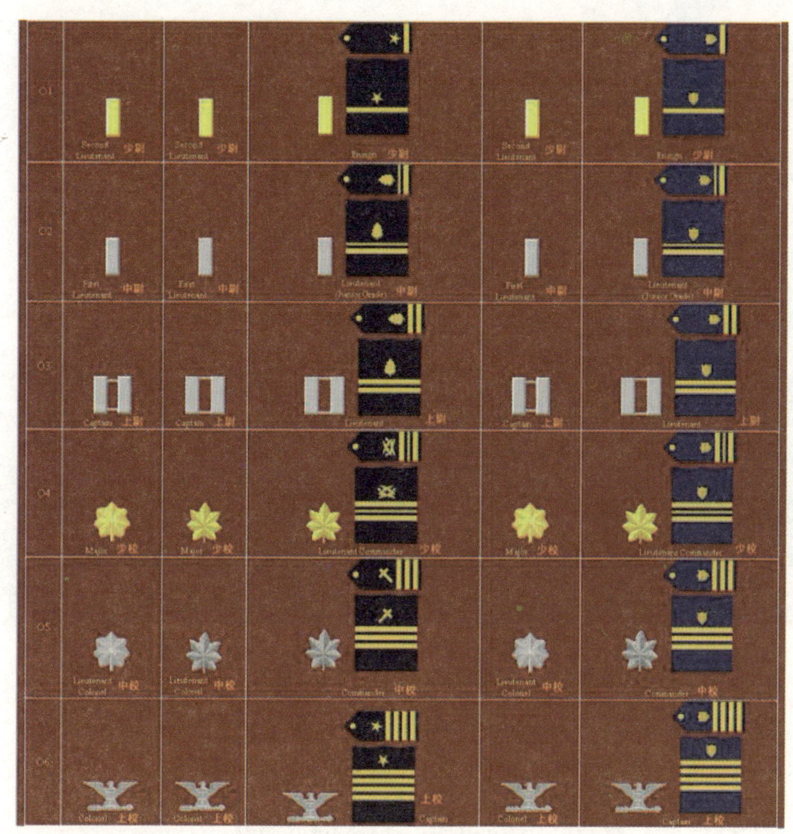

美军军衔标示图

◆威　慑

威慑是一种军事战略，指一个主要大国以迅速和压倒一切的报复行动有效地威胁其对手。威慑既可以是宏观的理论，又可以是微观的战法。2003年3月，美国把对伊拉克首都巴格达实施的大规模轰炸称之为“威慑战略活生生的实例”，认为“威慑将成为信息化战争的一种重要战略行动。这种战略行动虽然野蛮，但却是一种能迫使敌人屈服的精确战术。”

威慑可“软”可“硬”。“软”威慑主要针对敌人的心理防

洲际导弹惊人威慑力

线和认知体系，使敌产生心理恐慌和认识上的混乱。一旦让敌人心理崩溃或产生错觉，突然觉得战争之前正确的东西是错误的，便可以达到预期的作战目的；“硬”威慑主要是运用高技术手段和新的战法，实施斩首行动。擒贼先擒王，斩首行动古已有之。战争实践表明，对关键目标的精确打击，尤其是对敌对国首脑人物、最高指挥机构和重要基础设施的打击，往往能够发挥巨大的威慑效能。

当代威慑往往强调“软”与“硬”相互配合，以软促硬，以硬强软。“软”方式很多，但是如果没有“硬”的火力杀伤作为补充和呼应，威慑效果有限。因此，一般都将强大的心理“软”威慑和实战“硬”威慑有机结合，以便使己方以最小代价和最短时间达到战略战术目标。

◆军事演习

军事演习，简称演习，是在想定情况诱导下进行的作战指挥和行动的演练，是部队在完成理论学习和基础训练之后实施的近似实战的综合性训练，是军事训练的高级阶段。

按规模，演习分为战术演习、战役演习；按对象，分为首长机关演习和实兵演习；按形式，分为室内演习和野外演习、单方演习和对抗演习、实弹演习和非实弹演习、分段演习和综合演习；按目的，分为示范性演习、试验（研究）性演习和检验（考核）性演习。

联合军事演习，是指两个以上军种或两支以上军队联合进行的军事演习。演习分很多种，我国的演习大致有实兵演习、司令部演习、兵棋推演等等，近年来推广的计算机摸拟演习，也算是兵棋推演的一

军事演习

种升级。

◆冷　战

第二次世界大战的乌云刚刚散去，冷战的大幕又从砖瓦废墟上缓缓拉开。美国和苏联这一对超级大国，从共同对抗纳粹的威胁中解除出来后，就再没有过真正意义上的和平相处。希特勒刚一垮台，双方便展开全方位的竞赛，试图用它们的影响力控制整个世界。与以往战争不同的是，双方都在他国挑起间接的战争对抗，而避免相互间的直接作战冲突。没有一方希望挑动对方直接作战，因为这意味着全面核战争——人类毁灭的危险，双方在这一前提下形成了冷战的态势。

冷战（Cold War）一词是当年美

希特勒

国政论家斯沃普在为参议员巴鲁克起草的演讲稿中首次使用的。二战结束后，美国对苏联和其他社会主义国家采取了敌视和遏制政策，因此巴鲁克说："美国正处于冷战方酣之中"。"冷战"与"铁幕"一词同时流行，表示美苏之间除了直接战争外，在经济、政治、军事、外交、文化、意识形态等方面都处于对抗的状态。冷战从第二次世界大战结束开始，随着80年代苏联的经济危机，和戈尔巴乔夫的民主改革，促成共产国家倒台，到20世纪90年代初苏联解体冷战正式结束。

德国可以算是冷战中最主要的争端焦点，特别是柏林。柏林墙很可能是冷战最生动的标志。这堵墙分隔了东柏林（属于东德）与西柏林（属于西德），使西柏林孤立于东德内。各国的军队很少卷入到冷

柏林墙

战之中，这场战争主要是诸如美国中情局、英国军情六处、西德情报局、东德国家安全部和苏联的克格勃等情报机构之间展开的。世界主要强国从来不会直接卷入一场针对对方的军事冲突。

第二章 军事理论

军事理论是有关军队和战争的概念、范畴、原理、原则等的体系。科学的军事理论是军事活动的本质及其客观规律的正确反映。它来源于军事实践，经理论概括后给军事实践以指导，并在不断接受军事实践检验的基础上得到丰富和发展。

目前世界各国着重研究探讨的军事理论主要有三方面内容：克劳塞维茨的《战争论》、毛泽东军事思想、现代高新技术条件下作战的新规律新特点。

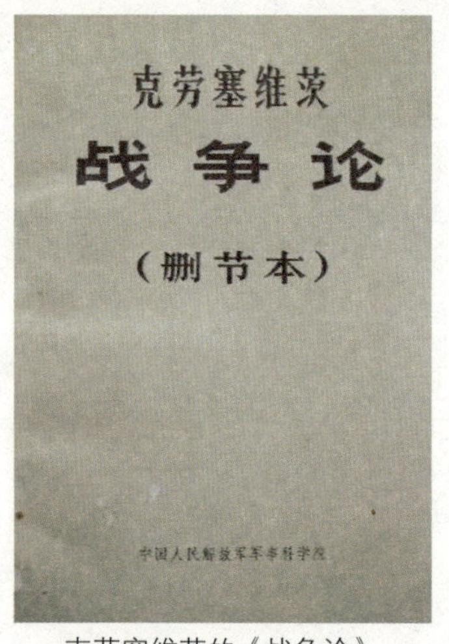

克劳塞维茨的《战争论》

《战争论》虽然是一部尚未完成的著作，但由于克劳塞维茨注意运用德国古典哲学的辩证法考察战争问题，因而阐发了诸如："战争无非是政治通过另一种手段的继续"等一系列在战争理论中引起一场革命的主要思想。而以毛泽东为代表的中国共产党人，把马列主义的建军学说与中国实际相结合，创造性地提出了一整套建军理论和原则。同时创造性地发展了马列主义关于人民战争的理论，创立了具有中国特色的人民战争思想。那么这一章，我们一起去学习一下中西方的军事理论吧。

近代西方军事理论

◆近代西方军事思想

近代西方军事发展时期可划分为三个阶段。热战时期，从20世纪初至第二次世纪大战结束；冷战时期，从第二次世界大战结束至前苏联解体；后冷战时期，从苏联解体至今。

20世纪上半叶，人类经历了两次规模空前的世界大战，伤亡近亿人，造成的财产损失难以估计。交战的双方主要为争夺殖民地、建立自己的势力范围而进行争夺战。西方各国为了实现自己的战略目标，不断发展军事战略思想和新式武器装备，以适应战争发展的需要。随着坦克、飞机、军舰等新式武器装备的大量使用，战争进行的速度和进程大大加快。战争形势的发展需要新的军事战略理论与之相适应。于是军事战略理论家在总结战争经验的基础上，提出了许多新的思想。影响比较大的有："海权制胜论""空权制胜论""机械化制胜论""总体战""闪击战""间接路线战略""联盟战略"等。

闪击战

美国“星球大战”计划激光武器

在冷战时期，西方国家最具有代表性的军事战略思想就是“核威慑”战略理论。在整个冷战时期，西方的核威慑战略思想集中反映在美国的核战略理论中。美国的核战略（或北约的核战略）大体经历了五个阶段，即“遏制”战略、“大规模报复”战略、“灵活反应”战略、“现实威慑”战略和“新灵活反应”战略。西方国家通过实施核威慑战略，与以前苏联为首的华约进行了长期的核军备竞赛，大大地削减了苏联的经济实力，最终达到了拖垮苏联的目的。20世纪70年代后期的“高边疆”战略强调战略防御，它是“保护美国威慑力量最完善的方法”。“高边疆”战略思想的一个直接结果就是美国里根政府提出的“战略防御倡导”（英文缩写SDI），即著名的“星球大战”计划。美国为实施该计划投入了350亿美元，前苏联为对抗这一计划，也投入了数百亿美元，严重地削弱了前苏联的综合国力。

东欧剧变和苏联解体，标志着东西方40多年冷战的正式结束。此时，西方军事战略家陷入了前所未有的困惑，军事战略的手段还在，可敌对目标却消失了。西方军事战略家们在认真分析冷战后新的战略

苏联解体漫画

环境后，认识到冷战后时期最关键的问题是找出对西方国家的“国家利益”构成主要威胁的假设敌，并着手制定新的战略方针。如美国在继续奉行核威慑战略的同时，对国家安全战略进行了调整，并根据近期世界上没有与美抗衡的强大对手，但世界非军事威胁不断增多的新形势，于1992年提出了“地区防务”战略思想。克林顿上台后，又提出了“灵活与选择参与战略”思想，接着于1997年又提出了“塑造—反应—准备”这一具有跨世纪意义的新军事战略思想。此外，冷战结束后西方国家还进一步发展了联盟战略理论。

◆《战争论》

《战争论》是克劳塞维茨在总结以往战争特别是拿破仑战争的基础上写成的，全书共3卷8篇124章。另有说明、作者自序，及作者在1810年至1812年为普鲁士皇太子讲授军事课的材料、关于军队的有机区分、战术或战术学讲授计划和提纲等附录，约70余万字。尽管该书是一部尚未完成的著作，但由于克劳塞维茨注意运用德国古典哲学的辩证法考察战争问题，因而阐发了诸如：“战争无非是政治通过另一种手段的继续”等一系列在战争理论中引起一场革命的主要思想。

克劳塞维茨在探讨战争的属性问题时认为，战争的目的就是要战胜敌人、打败敌人，掌握战争的全部现象。就其本身的主要倾向来看，战争

克劳塞维茨

《战争论》

是个奇怪的三位一体：暴烈性的要素，使战争成为一种盲目的自然冲突；概然性和偶然性的活动，使战争成为一种自由的精神活动；作为政治工具的从属，使战争成为一种纯粹的理智行为。这三个方面，分别主要同人民、统帅和它的军队以及政府有关。他说："这三种倾向像三条不同的规律，深藏在战争的性质之中，同时起着不同的作用。"

克劳塞维茨不仅把集中兵力作为战术的原则，而且还从战略的高度，把它作为整个作战指导的基本原则，这无论在理论和实践上都有着不容忽视的重要意义。但他为了强调集中全部兵力与主力会战，连战略预备队都反对保留的看法，又是不足取的。

克劳塞维茨的《战争论》是军事思想史上自觉运用辩证法系统总结战争经验的理论经典。该书出版后，曾受到各国军界的极大重视。20世纪80年代美国出版的《大不列颠百科全书》中提出"战争指导"的条目，克劳塞维茨是第一位伟大的战略学家，是现代战略学研究的鼻祖。他的不朽著作《战争论》是全面研究军事学术的最佳理论著作，在某种程度上讲，他的著作就是战略学的"圣经"。

◆海权制胜论

海权论亦称海军制胜论，于19世纪末由美国海军著名理论家A.T.马汉少将提出，在军事领域产生了广泛的影响。

马汉少将

马汉的海权论的中心思想是要拥有并运用优势的海军和其他海上力量去控制海洋，以实现己方的战略目的。谁要想统治世界，谁就必须取得制海权。为此，必须首先拥有一支能够在全球活动的庞大海上力量和遍布世界各地的海军基地网。这种理论适应了当时帝国主义国家瓜分世界的政治需要，推动了殖民主义国家海军力量的发展，对一些海军强国的海洋战略产生了重大影响。

尽管这种理论带有明显的霸权主义色彩，然而随着人类对海洋资源的开发和现代战争的发展，人们对海权论有了新的见解。把制海权看作是战争胜利的决定因素固然是片面的，然而，忽视制海权的海上作战，同样是错误的，无法在现代海战中赢得主动，更谈不上夺取现代海上作战的胜利。为了捍卫国家的海上权益，为了在现代海战中取得主动，许多沿海国家都把发展海军放到优先地位，以便在海上冲突中取得全部或部分的制海权。

◆空权制胜论

世界空军先期理论家、意大利将军朱里奥·杜黑在80年前就系统阐述了制空权，他指出：“掌握制空权表示一种态势，能阻止敌人飞行，同时能保持自己飞行……掌握制空权就是胜利。没有制空权，就注定要失败，并接受战胜者愿意强加的任

朱里奥·杜黑

何条件。”

对于杜黑关于制空权的理论，我军学术界在肯定其有积极意义的同时，认为其作用有“夸大”和程度“绝对”之弊。战争实践，特别是“二战”的实践告诉我们，在世界大战的作战双方势均力敌、战场遍及全球的情况下，要想取得全面的战略制空权是极其困难的。因此，时至今日，即使是当今世界上拥有最强大空军的国家，也不敢轻言能夺取全面的绝对制空权。

从未来高技术局部战争特点和战场范围的特定情况出发，在制空权理论的发展上，我们有必要来一个否定之否定。当前，需要强化夺取全面制空权而淡化局部制空权观念，需要确立首先全力夺取并基本掌握全面制空权观念，并以此为基点建设足够强大的空中力量和防空力量。

◆机械化战争论

机械化战争论是一种主张陆军实行机械化和依靠机械化军队取胜的军事理论，亦称坦克制胜论。坦克在第一次世界大战中使用以后，显示出很强的突击力。英国坦克军参谋长J.F.C.富勒首先总结了在这次战争中使用坦克的经验。他在1918年5月拟制的《1919年计划》中提出了建立和使用机械化军队的新观点；之后，又在《世界大战中的坦克》（1920）、《论未来战争》（1928，中译本名为《机械化战争论》）等著作中进一步作了阐述，创立了机械化战争理论。

苏联T80坦克

富勒认为，坦克出现以后，陆军机械化是必然的发展趋势，战争将是一种纯粹的机械化活动，战争胜负“百分之九十九在于武器”，战场上坦克数量多的一方胜利的机会亦多。他认为，骑兵将退出战场，步兵降为辅助兵种，炮兵则需提高机动能力。还主张，作战时，首先以坦克出敌不意地突向敌人的纵深，摧毁其首脑机关，同时以飞机轰炸其交通枢纽和补给系统，接着使用摩托化步兵和炮兵扩大战果，追歼逃敌，一次会战即夺取战争

戴高乐将军

的胜利。富勒的理论，虽然指出了军队建设和作战方法发展的某些趋向，但过分夸大了坦克的作用，贬低了人和其他兵种在战争中的作用。

继富勒之后，德国的H. W. 古德里安、法国的C.戴高乐、奥地利的L . von艾曼斯贝格尔等人，也从不同角度提倡机械化战争论。这种理论还为德国法西斯头子希特勒及其统帅部所接受，并应用于第二次世界大战初期闪击波兰、法国和进攻苏联的作战行动中。

◆闪击战

二战初期，纳粹德国军事家古德里安打造的闪击战，攻势凌厉，似乎无往而不利，27天内征服了波兰，1天内征服丹麦，23天内征服挪威，5天内征服荷兰，18天内征

古德里安

苏联人民阻止了纳粹的闪击战

服比利时，39天内征服号称“欧洲最强陆军”的法国……闪击战确实曾辉煌一时，堪称战争史的一大经典。闪击战挟最新高技术兵器以最小的损失，突然、迅速地达成战争目的，其理论魅力至今依然不减。研究“信息+闪击战”可能演变的“信息化闪击战”，利于在未来战争中防范新的闪击战，并在作战中寻找更多的制胜之机。

闪电战就是奇袭、快袭集中加在一起，将像闪电一样打击敌人！可以使敌人在突如其来的威胁之下丧失士气，从而在第一次巨大的打击之下立即崩溃！德军闪击战应用军事科技的新的优势，依靠坦克集群的快速突击，以及飞机的空中火力和纵深机降、伞降的高速配合，形成威力巨大的现代“撞城锤”。由于时空关系的改变，创造了新的作战理论，产生了令人难以想象的作战效能。

二战后，虽然再没有像二战那样大规模的闪击战发生，但其实在现代局部战争中仍处处可见其影子。特别是当现代战争插上信息技术翅膀后，突如其来的闪击战变得更加可怕。在计算机技术的武装下，空中力量的机动力、火力、防护力，已经远远超出二战时地面的装甲集团，体现出诸多的新优势：速度之快、机动能力之强，使地面防御力量无还手之力；远程精确打击与火、力、快速机动能力的完美结合，达到了“动如雷震”“斩首”“震慑”的效能；空中力量在指挥、控制、侦察等系统作用下，能量发生空前跃升，形成超视距攻、防一体的作战系统，对战争命运甚至起到了决定性作用。

中国军事理论

◆中国古代军事理论

在中国奴隶社会、封建社会时期，各阶级、集团及其军事家和军事论著者对于战争与军队问题的理性认识都随着社会的前进、战争的发展而不断深化。

武王伐纣

夏朝时，尽管人们对于战争的认识处于低级阶段，但还是产生了以靠天命观指导战争为中心内容的军事思想。这种思想，指导着夏、商、西周几个王朝的军事斗争。通过这一时期的战争实践，人们已初步认识到审势而动，量力而行，众可以胜寡，强可以胜弱，反映了朴素的唯物主义观念。

春秋战国时期，中国逐渐由奴隶社会进入封建社会。著名的《孙子兵法》，标志着封建统治阶级军事思想的成熟。它是世界上最早的一部系统而全面的军事理论著作，揭示了一系列指导战争的规律，并奠定了中国军事思想的基础，指导着后代的战争实践和军事理论的研究，在国际上也享有极高的声誉。秦始皇的大规模筑长城、修驰（直）道、重兵戍边等军事措施，对后世建设边防的战略思想，有重大影响。汉代名将卫青、霍去病率独立的骑兵集团主动出击，快速机动，远程奔袭，以及正面冲击，翼侧迂回等作战行动，创造性地发展了大规模使用骑兵的战略战术。

宋朝编纂《武经总要》，总结古今兵法和本朝方略，并颁布《孙子兵法》《吴子》《司马法》《六韬》《尉缭子》《三略》和《李卫公问对》为《武经七书》，官定为武学教材。蒙古贵族和后来建立的元王朝战胜南宋时，采取远距离的战略迂回和步、骑、水军联合多路进军，实施大集团军队的战略进攻。以上的实践经验和兵书内容，进一步发展和丰富了古代的军事思想。

《六韬》

中国古代军事思想是中国古代千百次王朝战争和大规模农民起义战争的经验总结。它的丰富内容，是前人留下的宝贵军事遗产，也是中华民族灿烂文化遗产的一个重要部分，中国近代的直至现代的军事思想，都从中批判地继承和吸取了许多有价值的内容。

◆《孙子兵法》

《孙子兵法》是中国古典军事文化遗产中的璀璨瑰宝，是中国优秀文化传统的重要组成部分。作者为春秋末年的齐国人孙武（字长卿）。《孙子兵法》是我国古代流传下来的最早、最完整、最著名的军事著作，在中国军事史上占有重要的地位，其军事思想对中国历代军事家、政治家、思想家产生非常深远的影响，其已被译成日、英、

孙 武

法、德、俄等十几种文字，在世界各地广为流传，享有“兵学圣典”的美誉。

《孙子兵法》全书共十三篇。《计》讲的是庙算，即出兵前在庙堂上比较敌我的各种条件，估算战事胜负的可能性，并制订作战计划。这是全书的纲领。《作战》主要是庙算后的战争动员。《谋攻》是以智谋攻城，即不专用武力，而是采用各种手段使守敌投降。《形》《势》讲决定战争胜负的两种基本因素：“形”指具有客观、稳定、易见等性质的因素，如战斗力的强弱、战争的物质准备；“势”指主观、易变、带有偶然性的因素，如兵力的配置、士气的勇怯。《虚实》讲的是如何通过分散集结、包围迂回，造成预定会战地点上的我强敌劣，最后以多胜少。《军争》讲的是如何“以迂为直”“以患为利”，夺取会战的先机之利。《九变》讲的

《孙子兵法》

是将军根据不同情况采取不同的战略战术。《行军》讲的是如何在行军中宿营和观察敌情。《地形》讲的是六种不同的作战地形及相应的战术要求。《九地》讲的是依“主

《孙子兵法》

客”形势和深入敌方的程度等划分的九种作战环境及相应的战术要求。《火攻》讲的是以火助攻。《用间》讲的是五种间谍的配合使用。书中的语言叙述简洁，内容也很有哲理性，后来的很多将领用兵都受到了该书的影响。

《孙子兵法》提出，军事斗争必须巧妙地运用权谋，即“上兵伐谋”“必以全争于天下”，认为“不战而屈人之兵”是高明的军事家所期求的最理想的战争结局。它打破了奴隶社会的天命观，以朴素的辩证法和唯物主义思想，指出战争获胜不取决于鬼神，只要能够做到“知彼知己”，就可以“百战不殆”。它提出了“以正合，以奇胜”和“攻其无备，出其不意”的作战思想。《孙子兵法》还指出，战争胜负是由政治、经济、天时、地利、人事等因素所决定的，所以封建统治阶级要修明政治，顺应民心。这些思想，也为《孙子兵法》同时代的其他兵书和论及军事的著作所重视。

◆《三十六计》

《三十六计》讲了三十六种计策的名称与使用的方法与条件。三十六计分为六套：胜战计、敌战计、攻战计、混战计、并战计、败战计。在每套计策中又分为六条计策，共计三十六计。三十六计所描写的是在每一特定环境下，所使用的计策，而这种人为的“强制”规定性很强。

檀道济

“三十六计”一语，先于著书之年，语源可考自南朝宋将檀道济（？—公元436年），据《南齐书·王敬则传》：“檀公三十六策，走为上计，汝父子唯应走耳。”意为败局已定，无可挽回，唯有退却，方是上策。及明末清初，引用此语的人更多。于是有心人采集群书，编撰成《三十六计》。但此书为何时何人所撰已难考证。

《三十六计》是我国古代兵家计谋的总结和军事谋略学的宝贵遗产，为便于人们熟记这三十六条妙计，有位学者在三十六计中每取一字，依序组成一首诗：金玉檀公策，借以擒劫贼，鱼蛇海间笑，羊虎桃桑隔，树暗走痴故，釜空苦远客，屋梁有美尸，击魏连伐虢。全诗除了檀公策外，每字包含了三十六计中的一计，依序为：金蝉脱壳、抛砖引玉、借刀杀人、以逸待劳、擒贼擒王、趁火打劫、关门捉贼、浑水摸鱼、打草惊蛇、瞒天过海、反间计、笑里藏刀、顺手牵羊、调虎离山、李代桃僵、指桑骂

《三十六计》

槐、隔岸观火、树上开花、暗渡陈仓、走为上、假痴不癫、欲擒故纵、釜底抽薪、空城计、苦肉计、远交近攻、反客为主、上屋抽梯、偷梁换柱、无中生有、美人计、借尸还魂、声东击西、围魏救赵、连环计、假途伐虢。

◆《六韬》

《六韬》又称《太公六韬》《太公兵法》，旧题周初太公望（即吕尚、姜子牙）所著，普遍认为是后人依托，作者已不可考。现

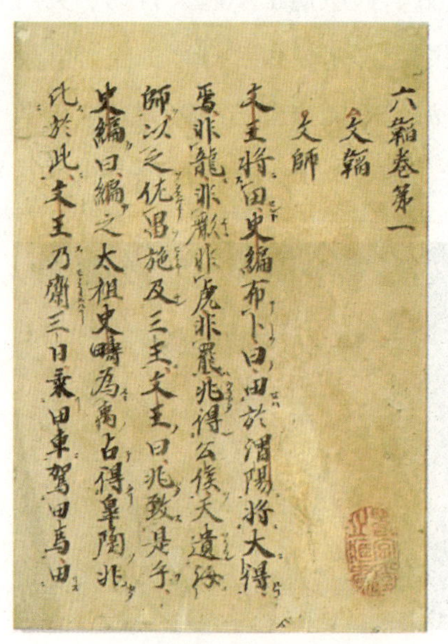

六韜卷第一
文韜
文師
文王將田史編布卜曰田於渭陽將大得
焉非龍非彲非虎非羆兆得公侯天遺汝
師以之佐昌施及三王文王曰兆致是乎
史編曰編之太祖史疇為禹占得皋陶兆
比於此文王乃齋三日乘田車駕田馬田

《六韬》

在一般认为此书成于战国时代。全书以太公与文王、武王对话的方式编成。从南宋开始，《六韬》一直被怀疑为伪书，特别是清代，更被确定为伪书。然而，1972年4月，在山东临沂银雀山西汉古墓中，发现了大批竹简，其中就有《六韬》的五十多枚，这就证明《六韬》至少在西汉时已广泛流传了，对它的怀疑与否定也不攻自破了。

《六韬》一书，在军事方面主张“伐乱禁暴”“上战无与战”，强调“知彼知己”“密察敌人之机”“形人而我无形”“先见弱于敌”。要求战争指导者“行无穷之变，图不测之利”机动灵活地运用各种战略战术。它认为作战中最重要的是奇正变化，“不能分移，不可语奇”。对于攻城，它认为最好的办法是围困打援，迫敌投降。它重视地形、天候对战术的影响，总结了步、车、骑兵种各自的战法及诸兵种的协同战术。它重视部队的编制和装备，详细记述了古代指挥机关的人员组成和各自的职责，提

出了因士兵之所长分别进行编队的原则。它认为“凡三军有大事，莫不习用器械”，详细记述了古代武器装备的形制和战斗性能。重视军中秘密通讯，记述了古代军中秘密通信的方式方法。它还重视将帅修养和选拔，认为“社稷安危，一在将军”要求将帅不仅要谙熟战略战术、知进退攻守、出奇制胜的谋略，而且要懂得治乱兴衰之道，要能与士卒同甘苦，共安危，并提出了考察将帅的八条方法，即所谓“八徵”。在军事哲理方面，《六韬》具有朴素的唯物主义思想。它一方面反对巫祝卜筮迷信活动，把它列为必须禁止的“七害”之一，另一方面又主张用天命鬼神去迷惑敌人。它具有朴素的辩证法思想，初步认识到了矛盾的对立和转化，提出了“板反其常”的重要辩证法思想，是对古代辩证法思想的重要贡献。它的许多军事思想都是建立在这一思想基础之上的，如“夫存者非存，在于虑亡；乐者非乐，在于虑殃”“大智不智，大谋不谋，大勇不勇，大利不利”“太强必折，太张必缺”“无取于民者，取民者也”等等。

《六韬》

《六韬》是一部集先秦军事思想之大成的著作，对后代的军事思想有很大的影响，被誉为是兵家权谋类的始祖。司马迁《史记·齐太公世家》称：“后世之言兵及周之阴权。皆宗太公为本谋。”北宋神宗元丰年间，《六韬》被列为《武经七书》之一，为武学必读之书。《六韬》在16世纪传入日本，18世纪传入欧洲，现今已翻译成日、法、朝、越、英、俄等多种文字。

◆毛泽东军事思想

毛泽东军事思想，是“毛泽东关于中国革命战争、人民军队和国防建设以及军事领域一般规律问题的科学理论体系。它是毛泽东思想的重要组成部分。它是马克思列宁主义普遍原理与中国革命战争和国防建设实际相结合的产物，是中国革命战争和国防建设历史经验的升华，是中国共产党领导中国人民及其军队长期军事实践经验的科学总结和集体智慧的结晶，同时也多方面汲取了古今中外军事思想的精华，是中国共产党领导中国革命战争、军队建设、国防建设和反侵略战争的指导思想”。毛泽东军事思想是我军的建军之魂、立军之本、制胜之道，是我国国防和军队建设的根本指导思想。

毛泽东

从南昌起义至1935年遵义会议，毛泽东成功解决了中国革命走什么路、如何建军、如何作战三个基本问题，它们标志着毛泽东军事思想已初步形成。大革命失败后，毛泽东提出了“上山”以“造成军

《南昌起义》

事势力的基础”的主张。随后，在“八七会议”上，毛泽东又进一步提出“政权是由枪杆子中取得的”重要论断。1927年9月，毛泽东组织领导了湘赣边秋收起义。而后在井冈山斗争中，提出了“十六字诀”的游击战争的基本作战原则。1928年至1930年初，毛泽东在他的《中国的红色政权为什么能够存在？》《井冈山的斗争》等著作中，提出了中国革命必须走农村包围城市道路的理论。古田会议又明确了建设新型的人民军队的建军原则。在1930年至1931年的反“围剿”作战中，红军取得了丰富的作战经验，提出了诱敌深入的方针，形成了红军的全部作战原则。这表明，毛泽东军事思想的基本内容已经产生，为其后来科学体系的形成奠定了坚实的基础。

遵义会议至1945年抗日战争胜利，是毛泽东军事思想形成完整科学体系的时期。1936年12月毛泽东写了《中国革命战争的战略问题》一书，运用辩证唯物主义和历史唯物主义的观点，深刻地阐明了无产阶级研究战争和指导战争的立场、观点和方法，系统地论述了中国革命战争的战略指导问题。抗日战争爆发后，毛泽东相继发表了《抗日游击战争的战略问题》《论持久战》《论新阶段》《战争和战略问题》等军事著作，系统地论述了人民军队、人民战争、人民战争的战略战术的理论和原则，以及研究和指导战争的认识论和方法论。这一时期，毛泽东军事思想已发展成

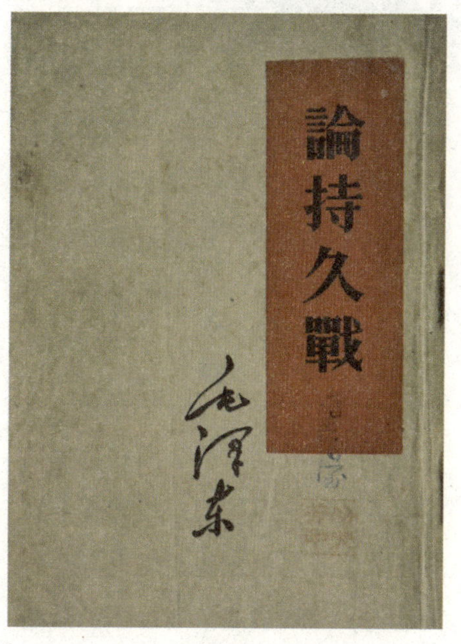

《论持久战》

毛泽东军事思想

为系统的理论，并经受了战争实践的考验。

全国解放战争、建国后的抗美援朝战争以及社会主义革命与社会主义建设，是毛泽东军事思想继续得到全面丰富和发展的时期。在全国解放战争中，毛泽东等老一辈军事家的战争指导艺术得到了充分的发挥，毛泽东军事思想得到极大的丰富。在《抗日战争胜利后的时局和我们的方针》《以自卫的战争粉碎蒋介石的进攻》《集中优势兵力，各个歼灭敌人》《解放战争第二年的战略方针》，关于辽沈、淮海、平津三大战役的作战方针等著作和文件中得到了充分体现。抗美援朝战争，是一场现代化战争。指导这场战争取得伟大胜利，为毛泽东军事思想增添了适应现代化战争需要的新内容。新中国成立后，毛泽东又提出了国防建设理论、制定了积极防御的战略方针。特别是中共十一届三中全会以后，邓小平坚持实事求是的思想路线，提出了新时期加强国防建设和军队建设的一系列重要思想方针、原则，继承和发展了毛泽东军事思想。

毛泽东军事思想把中国军事思想发展到一个全新的阶段，是中国革命战争胜利和国防现代化建设的理论指南；毛泽东军事思想创造性地丰富和发展了马克思主义军事理论宝库；毛泽东军事思想在世界上广为传播，尤其是对第三世界国家产生了深远的影响。

◆游击战

遵循合理选择作战地点，快速部署兵力，合理分配兵力，合理选择作战时机，战斗结束迅速撤退五项基本原则的作战方式，叫做游击战。游是走，击是打，游而不击是逃跑主义，击而不游是拼命主义。游击战的精髓是敌进我退、敌驻我扰、敌疲我打、敌逃我追。

游击战在中国有悠久的历史。相传为黄帝风后撰写的《握奇经》认为："游军之形，乍动乍静，避实击虚，视羸挠盛，结陈趋地，断绕四经。"对游击部队的作战行动作了生动的描述。而在史书中记载的第一个详细使用游击战战术的人是楚汉时期汉朝的大将彭越。在中国共产党领导的革命战争中，游击战具有十分重要的地位。土地革命战争时期，红军根据敌强己弱的特点，依托根据地坚持游击战，保存和发展了自己。抗日战争时期，八路军、新四军深入敌后，大规模、长时期地开展游击战，抗击了60%以上的侵华日军和95%以上的伪军。解放战争时期，游击战有力地配合了正规战。长期的革命战争，使中国人民创造了许多独具特色的游击战战法，如破袭战、地雷战、麻雀战、伏击战、地道战、围困战等。这些灵活机动的战法，显示了中国革命游击战争的丰富多彩。

丛林游击战

游击战因兵力少而火力弱，很难独立地进行长时间作战，只有积极创造条件，以机动力、主动出击化整为零，消耗敌人战力、拖延敌人行动、误导敌人方向，形成敌人心理压力才可能致胜。

◆《论持久战》

1938年5月，毛泽东写出了《论持久战》，初步总结了全国抗战的经验，批驳了当时盛行的种种错误观点，系统阐明了党的抗日持久战方针。在这篇著作中，毛泽东分析了中日两国的社会形态、双方战争的性质、战争要素的强弱状

《论持久战》

况、国际社会的支持与否，指出抗日战争是持久战，最后的胜利属于中国。他还科学地预见到抗日战争必将经过战略防御、战略相持、战略反攻三个阶段。他强调“兵民是胜利之本”，抗战胜利的唯一正确道路是实行人民战争。《论持久战》是中国共产党领导抗日战争的纲领性文献，它指明了抗战的前途，提出了正确的路线。抗战后来的实践充分证明了这篇著作的预见是完全正确的。

毛泽东把中国人民的抗日战争喻为“犬牙交错”的战争。他透彻地分析了敌我双方在政治、军事、经济和文化等各方面的优劣，阐述了“犬牙交错”的几种形态：内线与外线，有后方与无后方，大块与小块，局部与整体，包围与反包围。毛泽东同志精当地运用了“犬牙交错”这一成语，以富有辩证哲理的分析，形象生动地巧抒胸臆，使人们明白了“长期的抗日战争，是军事、政治、经济、文化各方面‘犬牙交错’的战争，这是战争史上的奇观，是中华民族的壮举，是惊天动地的伟业。”既驳斥了速胜论，又痛斥了亡国论，使全国人民看到了胜利的前途，增强了必胜信心。

《论持久战》是一部伟大的马列主义的经典军事理论著作，被誉为世界十大军事名著之一。它不

毛泽东

仅在中国国内成为指导抗日战争的科学的军事理论，而且在世界军事学术史上也有极高的学术价值。例如，美国前国务卿基辛格对毛泽东的《论持久战》就十分佩服。他在《核子武器与外交政策》一书中写到：“关于毛主席军事思想的最好阐述，不见诸苏联的著作，而见诸中国的著作。”

现代战争特点

◆高新技术局部战争的特点

高新技术以前所未有的广度和深度向战争诸要素渗透，极大地改变了现代战争的物质基础和战争的技术构成，使战争的能量大大增强。高技术武器装备已成为夺取战争的主动权和战争胜利的重要因素。一是武器装备的质量水平越来越成为决定战争胜负的重要因素；二是精确制导武器成为战争的基本

现代高新技术战争

火力手段；三是电子战武器装备在战争中的作用越来越突出；四是指挥自动化系统成为战争的“神经中枢”。实践证明，一个国家如果不随着经济的发展和科技的进步，努力增加国防实力，提高军队素质和武器装备水平，一旦战争爆发，就可能陷入被动挨打的地步，国家利益、民族尊严和国际威望就要受到极大的损害。为了增强我军打赢高技术局部战争的物质基础，切实提高我军的威慑能力和实战能力，必须以强烈的紧迫感和责任感，千方百计把武器装备搞上去。

21世纪初期的高技术局部战争，将呈现出力量集成化、战场数字化、指挥网络化、打击精确化、保障一体化的发展趋势，其作战方式将从过去以陆地为主、侧重对敌实施地面作战，发展为陆、海、空、天、电一体化的联合作战上来。从其他作战方式发展到联合作战，是战争发展的必然规律。随着作战方式的改变，必须研究和运用新的战法：首先，在战前向战区投送各军兵种的精兵利器，快速形成陆、海、空、天、电一体化的作战部署。其次，运用一体化的侦察情报网和电子设备实施信息战和电子战。再次，使用各军兵种远程杀伤武器，从对方防御圈外实施综合火力打击。最后，待敌军被削弱或其作战体系被瘫痪后，再以地面机械化部队的急速推进与空降、机降部队的垂直攻击相结合，实施一体化的全纵深、高强度的机动突击，从而赢得战争的胜利。

现代武器

在陆、海、空、天、电一体化的联合作战中，电子的“软杀伤”与火力的“硬摧毁”紧密结合，孕育出一种新的作战方式，即“电子火力瘫痪战”，它既可以是陆、海、空、天、电一体化联合作战行动的一部分，也可以是相对独立的联合作战行动。联合作战作为战争发展的必然产物，在未来高技术局部战争中的作用将越来越大，必须引起我们的高度重视。要提高认识，正确处理人与武器、战术与技术的关系，抓住指挥、战法、保障、训练等关键环节，强化联合意识。加快建立和完善联合作战指挥体制的步伐，实现顺畅高效的统一指挥。与此同时，要加强各项保障建设，创造实施联合作战的物质技术条件。随着信息技术的飞速发展，信息技术已经渗透到军事领域的各个方面，使武器装备、作战指挥和作战方式等方面发生了深刻的变革，制信息权将成为战场争夺的焦点。因此，必须高度重视信息战在高技术战争中的重要作用，大力加强军队的信息化建设。

现代中国陆军军容

◆ “三制胜”理论

在未来战争中，作战双方将围绕机动与反机动、制信息权与反制信息权、精确打击与抗精确打击而展开。信息对抗、机动作战、精确作战将贯穿战争的全过程。从现代准信息化局部战争也可看出，“三制胜”理论将是未来战争的本质要求。

夺取制信息权是赢得战争胜利的前提条件，机动作战将是未来战争最主要的作战样式，精确作战是未来战争最显著的特征与最佳作战手段。侦察与监视技术的进步与

发展为“三制胜”理论的确立提供了前提，先进的数字通信技术与网络技术保障了信息的实时沟通共享，为“三制胜”作战提供了可靠保证，导航定位技术、制导技术、增程技术的出现以及直升机大量装备与部队的机械化使武器射程、打击精度与部队的机动能力都发生了质的飞跃，为“三制胜”理论的确立奠定了坚实的物质基础。

在未来战争中，信息制胜、机动制胜与精确制胜将互为一体、相辅相成。夺取制信息权是机动作战与精确打击的前提条件，机动作战与精确打击是取得战争胜利的方法和手段。仅仅夺取制信息权，难以使对手放弃对抗的意志。而如果没有实时可靠的情报信息的支援，机动就是毫无意义的，精确制导武器也因没有目标信息而无用武之地。因此，机动作战与精确打击离不开制信息权。同时，机动作战与精确打击也是密不可分的。精确打击是机动作战的目的，而机动又是提高精确作战力量战场生存率的有效手段，也是为了更好地实施精确作战。

第三章

世界大战

世界大战，是对立的国家集团之间进行的全球性战争，是帝国主义的产物。它是进入帝国主义时代以来出现的一种特殊的社会现象。

第二次世界大战时的战机

在帝国主义时代初期，已经发生过两次世界大战，都是由帝国主义列强为重新瓜分殖民地、争夺世界霸权导致的。交战双方为了达成各自的战争目的，均倾注国力，以武装斗争为主，在军事、政治、经济、文化、科技、外交等战线上展开了激烈的大搏斗，战争规模、消耗与危害都是史无前例的，给世界人民造成了极大的灾难。

早在1887年，恩格斯在分析资本主义的发展规律时就预测到，资本主义的发展，在其争霸世界的斗争中，必然会导致“空前规模和空前激烈的世界战争”，他首次提出了世界性战争的概念，以引起世界人民的警惕和防备。帝国主义作为资本主义的最高阶段，从1898年到1914年期间先后在欧、美、亚三洲形成。以世界霸权和掠夺为政治内容和目的的帝国主义政策的继续和斗争，终于在1914年导致了第一次世界大战，证明了恩格斯在27年前的预测是正确的。1939年德、日、意法西斯集团又发动了第二次世界大战。本章将为大家介绍两次世界大战的背景、重要战役、大战的影响，希望读者从中可以吸取教训，热爱和平，珍惜生命，珍惜身边的每个人。

第一次世界大战场面

第一次世界大战

第一次世界大战（1914年8月—1918年11月）是一场主要发生在欧洲但波及到全世界的世界大战。当时世界上大多数国家都卷入了这场战争。这场战争是欧洲历史上破坏性最强的战争之一。大约有6500万人参战，1000万人失去了生命，2000万人受伤。

这场战争主要是同盟国和协约国之间的战斗。德意志帝国和奥匈帝国是同盟国，英国、法国、意大利、俄罗斯帝国和塞尔维亚是协约国。在1914年至1918年期间，很多亚洲、欧洲和美洲的国家都加入了协约国。战场主要在欧洲。值得注意的是意大利虽是同盟国，但是后来英国、法国及俄国与意大利签订密约，承诺给予意大利某些土地，结果意大利加入了协约国对抗同盟国。

战争的导火索是1914年6月的萨拉热窝事件，战线主要分为东线（俄国对德奥作战），西线（英法比对德作战）和南线（又称巴尔干战线，塞尔维亚对奥匈帝国作战）。其中西线最惨烈，著名的战役有马恩河战役、凡尔登战役和索姆河战役。

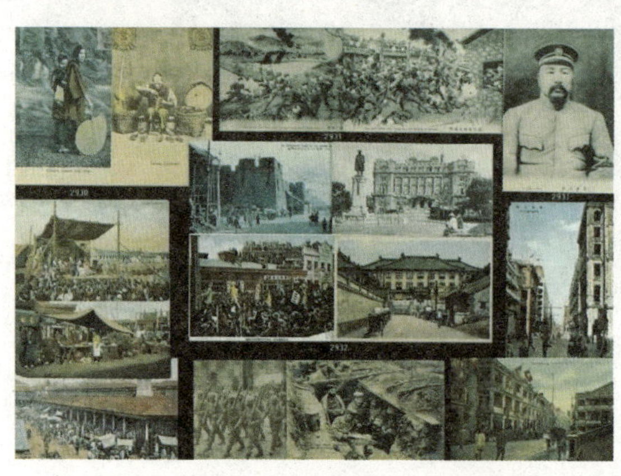

德国早期印制一战场景明信片

第一次世界大战

1914年7月28日，奥匈帝国向塞尔维亚宣战。7月30日俄国动员，出兵援助塞尔维亚。8月1日，德国向俄国宣战，接着在3日，向法国宣战。8月4日，德国入侵保持中立的比利时，比利时对德国宣战；同日，英国考虑到比利时对自己国土安全的重要性，和早前为了确保比利时的中立而在1839年签署的伦敦条约，于是向德国宣战。8月6日，奥匈帝国向俄国宣战，塞尔维亚对德国宣战，意大利宣布中立。8月12日，英国向奥匈帝国宣战。第一次世界大战爆发。

◆一战背景分析

普鲁士为了统一德国并与法国争夺欧洲大陆霸权，于是在1870—1871年与法国爆发普法战争。这场战争以法国大败，普鲁士大获全胜，建立德意志帝国而告终。而普法停战的和约极其苛刻，和约规定法国割让阿尔萨斯和洛林予德国，并赔款50亿法郎。结果使德法两国结怨，也成为第一次世界大战的导火索。

普法战争后，普鲁士首相俾斯麦担心法国报复，因此他采取结盟政策，围堵法国。他本来打算让德国与奥匈帝国及俄国结成“三国同盟”，可是后来俄国在1878年的柏林会议上，因巴尔干半岛问题，与奥匈帝国发生利益冲突。德国最终在1879年选择了奥匈帝国作为盟友，与奥匈帝国缔结秘密的德奥联

三国同盟

盟。此外，俾斯麦转而与因为与法国在殖民地事务上发生冲突，在1881年争夺北非突尼斯失败而面临孤立的意大利结盟。因此德意志帝国、奥匈帝国与意大利王国三国缔结“三国同盟”。

俄国得知德奥两国签订了“德奥同盟”后，十分愤怒。但俾斯麦是一个老练的政治家。为了保持与俄国的良好关系，于1887年与俄国签订了“再保条约”。可是当俾斯麦在1890年下台后，德皇威廉二世任由条约终止。而法国方面，则在法国财务支持俄国工业化后，在1892年与俄国结盟，是为“法俄同盟”。

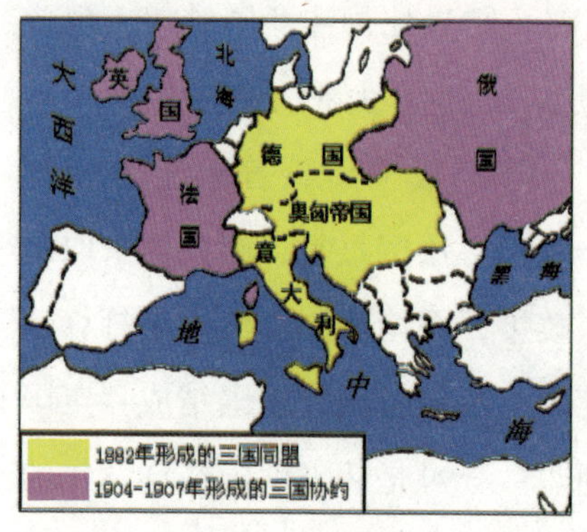

三国协约的形成

英国则在1904年与法国签订“挚诚协议”。这协议并不是军事同盟。这是一项解决两国有关殖民地纠纷的协议。在法国的怂恿下，英、俄双方终于在1907年结束他们的殖民地纠纷，签订“英俄谅解”和约。同年，法国、英国和俄国因受到德国在奥斯曼帝国的力量威胁，组成“三国协约”。

欧洲从此分为两大阵营，只要有任何风吹草动，都有演变为世界大战的可能，第一次世界大战就是由奥匈帝国皇储——斐迪南大公被暗杀事件引起的。

◆一战著名战役和事件

（1）萨拉热窝事件

1914年6月28日，这一天是星期天，波斯尼亚首府萨拉热窝阳光明媚，奥地利皇储弗兰茨·斐迪南大公携妻索菲亚来这里作特别访问。他此行的目的是想使妻子得到她在维也纳得不到的皇室荣誉。然而他却忘记了，这块土地是奥地利6年前才吞并的，对他充满了仇恨，刺杀他的阴谋正在酝酿着。当枪弹打穿斐迪南的脖颈和他妻子腹部的时候，随着两股鲜血的喷出，一场把全世界都卷入的战争开始了。刺杀者普林西波成为永载史册的人物，历史的进程往往充满了偶然因素。

萨拉热窝事件

开枪打死斐迪南皇太子的是一位名叫加费格里·普林西波的塞尔维亚青年，当时他只有19岁，还是个中学生。普林西波其实并不机警，完全是一系列偶然因素使他成为了刺杀斐迪南的塞尔维亚民族英雄。

斐迪南遇刺只是第一次世界大战的导火索，事实上战争的准备早已在进行中。19世纪末，主要资本主义国家在争夺欧洲霸权和分割殖民地的斗争中，已结成了两个互相敌对的军事侵略集团，即德、奥、意三国同盟和法俄同盟。“战争是万事之父……战争不仅是一种生物规律，也是一种首先规律，因而是文明的不可缺乏的因素。”罪恶的战争最终在巴尔干酿成，巴尔干半岛成了“火药桶”。

（2）西线战事

1914年8月2日，德军出兵中立国卢森堡，以取得卢森堡的铁路网。8月3日，德军对比利时不宣而战。至8月9日，德军成功攻占比利时全境，并将在比利时境内的法军驱逐回法国境内。8月21日，德军分兵五路攻向法国北部，法军失守，被迫后撤。9月3日，德军已进逼巴黎，法国政府被迫撤退至波尔多。9月5日到9月12日，德军与英法联军在巴黎近郊马恩河至凡尔登一线爆发马恩河战役，结果两败俱伤，德军只得转入战略防御，固守安纳河一线，战斗开始演变为阵地战。接着，双方爆发了奔向海边的运动

马恩河战役

战，结果英法联军大败。德军成功夺取了法国东北部的广阔领土，但始终不能截断英法两国的运输线。随后双方再爆发佛兰德会战，但双方均无重大成果，结果战事进入胶着对峙状态。

1915年春，英法联军趁德军主力集中在东面战线，发动了香巴尼和阿杜瓦两轮攻势。但因为沿用旧战术，而且欠缺强大火力掩护，结果被德军成功抵挡，己方反而伤亡惨重。该年4月德军反击，并首次使用毒气，使双方的损失更为惨重。结果1915年的西面战线，英法联军死伤百万人，德军亦死伤61万人，但战事仍然胶着。1916年2月，东面战线的压力稍为降低，德军主力再次移师西线，与法军爆发凡尔登会战。结果在激战7个多月后，德军仍不能攻取凡尔登。而英法联军为了制衡德军，在该年7月初向索姆河一线与德军爆发索姆河战役，战况更为惨烈。英军虽然在这场战争里首次使用坦克，但双方在伤亡共约120万人后，战事仍未有重大突破，并持续至该年11月，西线再次变为胶着对峙状态，不过协约国开始掌握战争的主动权。

1917年2月24日，美国驻英大使佩奇收到齐默曼电报，称如果墨西哥对美国宣战，德国将协助把美国西南部还给墨西哥，于是美国以此为借口，在该年4月6日向德国宣战。1917年4月，法军于西线开展春季攻势，与德军在兰斯和苏瓦松之间进行会战，历时共一个月，但法军在伤亡10万人后却仍未有进展，

索姆河战役

引起了法国士兵的骚动。战事再度胶着，而法军因内部骚动，无力防御，只得由英军负责西线防御。在该年下半年，美国提供的装备到达欧洲，英军于是再在西线猛攻，但在损失100多万人后，仍无法改变战事的胶着状态。

1917年，东线因俄国发生十月革命并退出战争而结束，德军立即集中于西线，意图在美军到达欧洲之前，于1918年夏季打败英法两国，以扭转局势。1918年3月到7月，德军接连于西线发动5次大规模的攻势，头两次攻势在损兵14万后仍无所获。而美军则已到达欧洲，使协约国兵力大增。该年5月底，德军发动第三次攻势，这次成功突破法军的防线进逼至距巴黎仅37公里之地，但并不能歼灭英法联军的主力，而已方则损失13万人。在6月9日到6月13日这5天，德军发动了第四次攻势，企图将德军在亚眠和马恩河的两个突出点接连起来，以集中兵力攻击巴黎，但并未能成功。7月15日，德军死心不息，发动第五次攻势，但在损失15个师后，毫无所获，已方军力反而消耗殆尽，只得撤退至兴登堡防线，从此只能作消极防御。

俄国十月革命

（3）马恩河战役

1914年8月法国边境之战后，法第4、第5集团军和英国远征军于9月

初撤至马恩河以南，在巴黎至凡尔登一线布防。法军总参谋长J.霞飞将军组建第6、第9集团军，分别部署在巴黎外围以及第4、第5集团军之间，准备实施反攻。

德第1、第2集团军为追歼法第5集团军，偏离原定进攻方向前出到巴黎以东地区，暴露了第1集团军的右翼。德军总参谋长H.J.L.von毛奇获悉法军即将反攻后，于9月4日命令第1、第2集团军在巴黎以东转入防御，第3、第4、第5集团军南下，协同从东面进攻的第6集团军合围凡尔登以南的法军。但德第1集团军司令A.H.R.von克卢克拒不执行命令，继续率军南下，形成有利于联军反击的态势。同日，霞飞命令法第5、第6集团军和英远征军对德第1、第2集团军实施主要突击，法第9、第4集团军牵制敌第3、第4集团军，法第3集团军在凡尔登以西实施辅助突击。此时，在巴黎至凡尔登一线，联军66个师108.2万人对德军51个师90万人；在主攻方向上，联军兵力是德军的两倍。

马恩河战役

9月5日，法第6集团军先头部队与德第1集团军在乌尔克河西岸遭遇。法军首次使用汽车（共1200辆）把第6集团军一部由巴黎运往前线。克卢克发觉右翼和后方受到威胁后，命令所部于8日全部撤至马恩河北岸，遂与第2集团军之间出现宽50公里的防御间隙。6日，法第5集团军和英远征军从德军防御间隙地带穿插，8日

马恩河战役

逼近马恩河，构成对德第1集团军的包围态势。同时，德第2集团军业已暴露的右翼也面临被围的危险。9日，德第1、第2集团军被迫后撤。德军在其他地段虽略占上风，但鉴于第1、第2集团军所面临的态势，毛奇于10日下令全线停止进攻，撤至努瓦永至凡尔登一线。此次会战以德军失败告终。英法联军在200公里的战线上推进60公里，伤亡25万人，德军损失30万人。

此役双方均有失误：毛奇远离战场，对前线战况不明、指挥不当，各集团军缺乏协同，导致速胜计划破产；英法联军行动迟缓，坐失战机，使德军保存了实力。

（4）凡尔登战役

1916年，德意志帝国决定把进攻重点再次转向西线，力图打败法国。德军统帅部选择法国的凡尔登要塞作为进攻目标。凡尔登是协约国军防线的突出部，对德军深入法国、比利时有很大威胁，它又是通往巴黎的强固据点和法军阵线的枢纽。

1916年2月21日，德军集中前线所有大炮对凡尔登附近狭窄的三角地带连续轰击10多个小时，将这一小块地区的森林、山头、战壕夷为平地，随后以6个师兵力向前推进。法军总司令霞飞增派援军，任命H.P.贝当为凡尔登地区司令，组织法军拼死抵抗。双方出动飞机进行

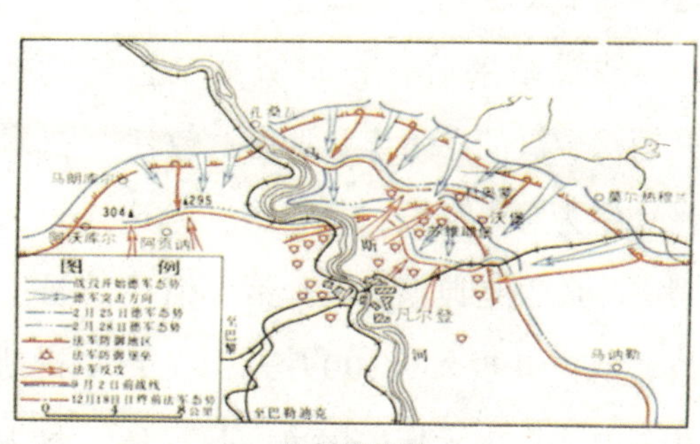

凡尔登战役

空战和轰炸对方的机场与补给线。德军首次使用光气窒息弹，杀伤大量法军并造成恐慌，但未能取胜。

法国总统萨科齐向凡尔登战役死难者墓地敬献花圈

法英联军于6月底至11月中在索姆河一带对德军阵地发动强大攻势，英军首次使用新发明的36辆坦克，德军顽强抵抗，守住了防线。10～12月，法军在凡尔登调集部队，开始反攻，夺回大部分失地。德军战略进攻终于失败。

战役结束后，德皇威廉二世撤销法金汉的总参谋长职务，改任兴登堡为总参谋长，鲁登道夫为其副手。此役是典型的阵地战、消耗战，双方共投入近100万人，损失70多万人。由于伤亡惨重，凡尔登战场被称为“绞肉机”“屠场”和“地狱”。这次决定性战役是第一次世界大战的转折点，德意志帝国从此逐步走向战败。

（5）东线战事

1914年7月28日，奥匈帝国因为德国向其开出的“空头支票”而信心大增，与塞尔维亚断交并对其宣战。俄国则宣布全国总动员，以支持塞尔维亚，这引起德国的不满。8月1日，德国以俄国拒绝停止全国总动员为借口向俄国宣战，并同时在西线进侵比利时。8月4日，英国因比利时为其自身安全的关键，因此对德宣战。8月6日，奥匈帝国向俄国宣战。

俄军乘德军在开战之初集中兵力在西线之际，在东线向德军发起进攻。8月下旬，俄军进入东普鲁士，并逼向德国的心脏地带，德军被逼从西线线调兵回援。德国援军行动迅速，很快便抵达东线，并于科穆辛森林附近消灭数万名俄军，使得东线战局发展受到德国控制。9月11日，俄国的第一集团军再度被击败，德军进逼至俄国境内，俄军损失共25万余人。在南线方面，俄军开始时在加里西亚和布柯维纳屡次击败奥匈帝国的军队，但德国随后对奥匈帝国提供支持，结果到12月中旬，东线战事亦进入胶着状态。

1915年，德军因为西线的马恩河会战失败，决定先集中兵力击溃俄国，逼使俄国停战，从而结束东线战事，并且避免继续陷入两线作战的困局，东线于是变成主要战场。1915年5月，德奥联军以18个师和2000余门大炮，分兵两路进击俄军，并计划将俄军逼至“波兰口袋”内歼灭。双方交战8个多月，德军攻占普热米什尔、莱姆堡、伊凡哥罗德、华沙、布雷斯特、维尔诺及里加，并逼使俄军撤退至从里加湾到德涅斯特河一线，俄军共损失170多万人。德军虽然大胜，但已方损失亦极大，而且并未消灭俄军主力，无法逼迫俄国投降。

德国为了牵制俄国，于是答应向奥斯曼土耳其提供一亿法郎的贷款，以换取其参战。1914年10月29日，土耳其正式参战，并与俄国在高加索发生战斗。俄军初时作战不利，但于1915年1月发动反攻，土耳其的第九集团军被歼灭，共损失约7万多人。

1915年5月，意大利因为英法答应其在战后分得阜姆和达尔马提亚，于是投向协约国一方，对同盟国宣战。意军虽然实力较弱，交战初期即损失近30万人，但却成功拖住了奥匈帝国40个师的兵力，缓减

一战战争场面

一战形势图

了俄法的压力。1915年9月，保加利亚加入同盟国，并出兵30万，配合德奥联军攻击塞尔维亚，结果同盟国很快便占领塞尔维亚全境，塞尔维亚政府及军队被逼撤退至希腊的克基拉岛。

1916年春，俄国调集3个方面军共200万人向德奥联军发动反攻，在激战一轮后，双方各损失百万兵力，但俄军兵力较多，因此逼退德奥联军，并乘胜攻进加里西亚东部地区。罗马尼亚亦于该年8月向同盟国宣战。德奥联军于是决定攻取罗马尼亚，以夺取石油和粮食补给。结果罗马尼亚首都布加勒斯特很快失陷，德奥军队占领大部分罗马尼亚国土。

协约国军队为了解除俄国在高加索被奥斯曼土耳其牵制的困局，于是决定联合进攻奥斯曼土耳其的首都君士坦丁堡。1915年初，加里波利之战爆发。协约国先后有50万士兵远渡重洋来到加里波利半岛。在靠近11个月的战斗中，协约国共有131 000人死亡，262 000人受伤，结果被迫撤退。这场战役是一战中最著名的战役之一，也是当时最大的一次海上登陆作战。

（6）十月革命

俄国本身为农奴制的经济体系，东线持续的战事使其国内经济崩溃，工厂倒闭，失业率骤增，军火补给极度困难，士兵极度厌战。1916年冬，俄国内部各种矛盾加剧，首都莫斯科的罢工人数更达百万人以上，结果在1917年3月（俄历2月）二月革命爆发，沙皇尼古拉二世退位。但新组成的克伦斯基临时政府仍然继续战争，但又再被德

俄国十月革命爆发

奥联军击败。俄国工人及农民再也忍受不了，在1917年11月（俄历10月），由布尔什维克党领袖列宁领导了一场武装起义，推翻了临时政府的资产阶级政权，建立了苏维埃政府和第一个社会主义国家，史称“十月革命”。列宁其后与德国签署布列斯特-立陶夫斯克条约，并宣布退出第一次世界大战。十月革命拥有重要的历史意义，因为它是人类历史上第一次获胜的社会主义革命，世界上第一个社会主义国家从此诞生。它的胜利沉重打击了帝国主义的统治，推动了国际社会主义运动的发展，鼓舞了殖民地半殖民地人民的解放斗争，标志着世界现代史的开始。

十月革命是人类历史上第一次胜利的社会主义革命，它建立了第一个无产阶级领导的社会主义国家，开辟了人类探索社会主义道路的新时代，使马克思列宁主义传遍世界，极大地震撼了资本主义世界。十月革命向全世界宣告：崭新的社会制度由理想变为现实。它在人类历史上第一次消灭了剥削和压迫的不平等社会，第一次尝试建设了公平正义共同富裕的美好社会。十月革命沉重打击了帝国主义的统治，极大地鼓舞了国际无产阶级革命运动和殖民地半殖民地被压迫民族的解放运动。改变了俄国历史的发展方向，用社会主义方式改造俄国的道路，对整个人类社会的发展

列 宁

都产生了巨大的影响。

毛泽东在1949年写了一段这样的论述："十月革命一声炮响，给我们送来了马克思列宁主义。十月革命帮助了全世界的也帮助了中国的先进分子，用无产阶级的宇宙观作为观察国家命运的工具，重新考虑自己的问题。走俄国人的路——这就是结论。"

（7）凡尔赛和约

《凡尔赛条约》或《凡尔赛和约》，全称《协约国和参战各国对德和约》，是第一次世界大战后，战胜国（协约国）对战败国（同盟国）的和约。协约国和同盟国于1918年11月11日宣布停火，经过巴黎和会长达6个月的谈判后，于1919年6月28日在巴黎的凡尔赛宫签署条约，标志着第一次世界大战正式结束。得到国际联盟的承认后，于1920年1月10日正式生效。《凡尔赛条约》的主要目的是惩罚和削弱德国。中国在五四运动后，没有签署凡尔赛条约，但与德国另签订和约。美国则因其国会表决多数反对，所以也不签凡尔赛条约。

根据协约国赔偿委员会决定，德国共需赔偿2260亿马克（约合1113亿英镑）且以黄金支付，后减至1320亿帝国马克。1921年赔偿金额确定为49.9亿英镑，即1320亿马克。一般认为这笔沉重的赔偿给德国经济戴上了一副沉重的枷锁并间接导致了纳粹党在德国的崛起，但史学界对此观点仍有不同评价。

《凡尔赛和约》主要签约者

有一种观点称德国在条约中获益匪

《凡尔赛和约》签约现场

浅，如史学家格哈德·温伯格在其著作《手边的战争》中提到，由俾斯麦一手建立的德国政治体系不但未被摧毁反而得以保存，而且德国避免了战后被战胜国大规模军管（特别是和第二次世界大战后的形势对比）。现在回顾一下，在1919年时德国其实取得了较五年前战争爆发时更有利的战略态势，尤其是德国的东方，原来在经济和军事上都不断膨胀且亲法的俄罗斯帝国消失了，取而代之的是一个外交上孤立，内部纷争不断且卷入内战的苏维埃俄国。在南方，德国的前盟友奥匈帝国分裂为数个弱小的共和国，对德国的再次崛起已经无法构成威胁了。

如果不以现代的战略或经济角度思考问题，那么凡尔赛条约是在德国人心中种下了仇恨的种子，随后在纳粹党的培育下生根发芽，这也是希特勒一上台就开始明目张胆的践踏条约并赢得国内的一片喝彩的原因。史学家丹·洛林说，是凡尔赛条约的连锁反应引发了第二次世界大战。

◆一战的影响

第一次世界大战中有30几个国家，15亿人口卷入战争，对人类的精神和物质都造成了极大的摧毁。战争给人类带来了重大损失，但是在第一次世界大战中，沙皇俄国、德意志帝国、奥匈帝国、奥斯曼土耳其帝国等四大帝国覆灭了。而巴尔干半岛与中东地区的民族国家则随之而起，如南斯拉夫、匈牙利及

第一个社会主义国家——苏联

这场大战削弱了英、法、意；美国成为世界头号经济强国，世界金融中心也由伦敦转移到纽约；日本也由债务国变成债权国，并侵占了原属德国势力范围的中国胶州湾及山东半岛。1914—1919年，日本企业实缴资本金额从22.18亿日元增加到61.23亿日元，工业生产力增加4倍以上。它的实际工业产量增加1.8倍，出现了以出口工业为中心的新建扩建企业高潮。造船工业1914年建造79艘，计8.2万吨，1918年激增至443艘，计54.05万吨，从战前占世界第六位上升到第三位。

伊拉克等。

原来为世界金融中心及世界霸主的英国，在战后虽然领土有所增加，但其对领土的控制力却因战争的巨大伤亡与物资损失而大大削减，而其经济亦因战争大受影响，出现严重衰退，从此其世界金融中心的地位让给了美国。

大战期间，俄国发生十月革命，世界上出现了第一个社会主义国家——苏联（苏维埃社会主义共和国联盟）。

《凡尔塞和约》将德国在中国山东的权益转让给日本的做法成为中国五四运动的导火线。1919年5月4日中国北京的青年学生及广大群众、市民、工商人士等中下阶层广泛参与了示威游行、请愿、罢课、罢工、暴力对抗政府等多形式的爱国运动，而起因正是巴黎和会中，列强肆意践踏中国主权把原来德国的山东权益转让给日本，即山东问题。它和较早兴起的新文化运动一并成为中国历史上一次规模庞大影响深远的政治思想文化运动，对中国近代迄今之政治、社会、文化、思想影响甚巨。

五四运动

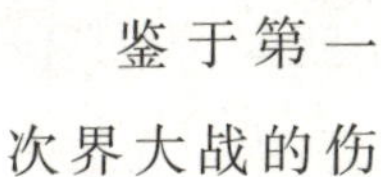

鉴于第一次界大战的伤亡与物资损失巨大，英、法等战胜国于是发起了一个用以减少武器数目、平息国际纠纷及维持民众的生活水平的组织，是为国际联盟（简称国联）。然而，国联却不能有效阻止法西斯的侵略行为，第二次世界大战后被联合国取代。

第二次世界大战

第二次世界大战（1939—1945年）是至今为止人类社会所进行规模最大、伤亡最惨重、破坏性最大的全球性战争。交战双方是以美国、英国、法国、苏联等国组成的同盟国，与以德国、日本、意大利等军国主义国家组成的轴心国集团。战争进展到最高潮时，全球有61个国家和地区参战，有19亿以上的人口被卷入战争，战火遍及欧洲、亚洲、美洲、非洲及大洋洲五大洲；交战双方同时也在大西洋、

第二次世界大战

太平洋、印度洋及北冰洋四大洋展开战斗。最后，第二次世界大战以同盟国的胜利结束。

尽管在1939年9月前，埃塞俄比亚的抗意战争，中国的抗日战争（有人认为起始于1937年的卢沟桥事变，也有人认为起始于1931年的沈阳事变）等反军国主义的抵抗已经开始，但普遍持有欧洲中心观的学者认为战争从1939年9月1日德国入侵波兰开始，到1945年9月2日日本向同盟国投降而告结束。这场战争总计造成了约7千2百多万人的死亡，占了当时世界总人口（约19亿7千万）3.71%左右的比例。据估计，大战期间，钱财损失约13 850亿美元，大量房屋受破坏。工厂、农庄、铁路和桥梁的损坏，则难以估计。

在这场血腥的战争中，无辜平民的伤亡是极其惨重的，其中包括了纳粹德国针对犹太人和其他东欧人种的大屠杀、日本对无数中国（如南京大屠杀、浙江大扫荡等等）与朝鲜平民的屠杀，以及战争末期美军对德国、日本的大轰炸造成大量平民死亡等。这场战争也是首次平民死亡人数大大超过作战人

纳粹德国对犹太人的迫害

员死亡人数的现代战争。也正是由于这次世界大战的惨烈，为了维护国际和平与安全，同盟国在1945年10月24日发起成立了联合国，中、美、英、苏、法5个主要的战胜国则成为了安理会常任理事国。

◆二战背景分析

第一次世界大战后，德国签署《凡尔赛条约》。《凡尔赛条约》只考虑战胜国的利益分配，条约的空前苛刻性和掠夺本质，加上德国国内普遍不承认军事上战败，使得德国国民对《凡尔赛条约》有极强的抵触和反感情绪，引发了德国普通民众强烈的民族复仇主义情绪。1929年的全球金融危机，使德国人民生活非常艰难，这为德国极端右翼势力的兴起提供了良机。由阿道夫·希特勒所领导的德国国家社会主义工人党（简称纳粹党）就是其中之一，他宣称德国的困境之根源来自于战后强加给德国的严厉条款、懦弱的魏玛共和国以及被指称握有国家经济命脉的犹太人。他的理论受到越来越多德国人的支持，到1933年时纳粹党已经从一个微不足道的小党一跃成为国会内第一大党。1933年1月30日，总统兴登堡元帅正式任命希特勒为共和国总理。与此同时，希特勒政府通过行使宪法赋予总统在紧急情况下的特殊权力来执行公务，这些权力令希特勒可越过联邦议会进行实际独裁统治。此时，魏玛共和国走到了其政治生命的终点，取而代之的是德意志第三帝国。为了摆脱英法等国对德意志帝国的束缚，希特勒在上台之初就因扩军备战计划受到限制而于1933年10月宣布退出英法控制的国际联盟。1934年8月2日兴登堡去世后，希特勒又依据宪法继任了总

美国1929年的经济危机

统，成为了第三帝国唯一的真正拥有实权的领袖，在德语中称为“元首”。

希特勒并不是只会叫嚣喊空话的政客，他上台后迅速重建了德国的秩序，加上他具备远见，让社会底层的劳动阶级也能享有过去所没有的福利，因而德国人对希特勒的支持率大幅提升。德意志帝国内部已经政局稳定，纳粹党人开始将重心放到外交方面，并采取了多个冒险的行动。1935年3月16日，希特勒宣布德国军队将重整军备，并实行征兵制，从而突破了《凡尔赛条约》的限制。奥地利和捷克斯洛伐克的苏台德地区被并入第三帝国，捷克其余地区也在不久后被德国占领，斯洛伐克的一部分在德国的保护下独立；捷克斯洛伐克其他部分被瓜分。

1936年，德、日两个法西斯国家商定了《反共产国际协定》，形成了“柏林–东京轴心”。一年后，意大利加入了这一协定，德，意，日三国轴心正式形成。同年3月，希特勒违反《凡尔赛条约》，命令三万德军开进莱茵兰，结果英法两国未作反应。这冒险一掷，使希特勒的胃口越来越大了。他下令德军，疾速打造大量性能精良的军事武器，准备对外扩张。

希特勒

◆二战著名事件和战役

（1）闪击波兰

1939年9月1日凌晨，波兰战役爆发，德国军队利用夜幕的掩护，在2300多架飞机的支援下，对波兰发动突然袭击，波德战争和中国抗日战争的打响，意味着一场世界性的战争——第二次世界大战的全面爆发。当航空兵和装甲部队结合起来时，全世界第一次领教了“闪击战”。9月3日，英国和法国对德国宣战，虽然英国和法国之前已经保证会确保波兰的安全，但是波兰军队的奋力抵抗并没有得到英法两国

波兰战役

任何有效的军事支持。最终波兰的军队还是被装备精良的德军击败。9月6日，波兰政府逃离华沙。9月17日，华沙保卫战开始，几乎在同一天，苏联红军进入波兰东部。9月27日，德军占领华沙。波兰再一次遭到瓜分。波兰在复国20年后，又一次消失了。

与此同时西线的法德边界却毫无动静，英法等国违背了自己许下的“如果德意志帝国胆敢入侵波兰，英法联军将直捣鲁尔谷地”的诺言，屯积的重兵却躲在钢筋水泥的工事后面，眼睁睁地看著一个唐吉诃德式的小国抵抗着强大邻国的侵略，取而代之的只是在外交上的遣责而已。从1939年9月1日战争爆发开始，直到1940年5月10日，德意志帝国才和英法爆发正式冲突，这段和平的时期被德国人叫作“静坐战”，西方则称为“假战”。希特勒在占领波兰后，曾说过这样的话：“对于这种结局，波兰人应该感谢他们的英法朋友”。

（2）征服西欧

1940年5月10日，德军决定采用改良过的施里芬计划（亦称为曼斯坦计划）分为A、B、C三个集团军

德军在波兰战役中的海战

绕过马奇诺防线侵略了比利时、荷兰和卢森堡和法国。

第一阶段作战：5月13日德军A集团通过法国防守力量薄弱的阿登

敦刻尔克大撤退

地区进入法国，盟军在阿登山地因为德军的奇袭而完全无法组织有效的抵抗。德国坦克师强渡马斯河，5月13日攻陷了法国南部战略要地色当，而同时德军B集团军在空降兵配合下入侵荷兰、比利时来吸引跟牵制位于比利时平原一带的英法盟军主力部队，使A集团军得以更加顺利的从法国北部附近通过英法联军主力部队之侧翼，来构成曼斯坦计划中的大包围。到5月19日德军装甲师已经抵达离英吉利海峡只有50英里处。5月24日，德军装甲部队已经逼近法国的北部港口敦刻尔克，却在这时接到停止前进的命令。这个命令后来被证明是一个致命失误，被包围的盟军开始执行“发电机计划”，即敦刻尔克大撤退。850艘各种类型、动力引擎、大小的船只舰队大量跨海集中到敦刻尔克，5月27日开始撤走了第一批士兵，到6月4日时已经有超过33万人成功逃脱，其中23万是英国远征军。这次的撤退虽为英国避免了全军覆没的悲剧，但也使英国损丧失了大量的物资和武器装备，士气亦一度低落。

第二阶段作战：1940年6月10日，德军开始正式全面入侵法国本土，由于先前在低地国地区丧失了大部分的军事力量，所以德国的装甲部队纷纷进行一场竞速比赛，很快就深入了法国中央。6月17日，首都巴黎被攻占。6月25日，为了羞辱法国人，希特勒选择在第一次世界大战德国停战签字的贡比涅地区

法军代表在福煦车厢内签字

的福煦车厢内签署与法国的停战条约。根据此项条款，法国中部和北部三分之二的领土疆域由德国武装部队来进行实质占领，而南部地区则成立由贝当执政的附庸政权——维希政府。

从德国展开西线进攻到法国败降只经历了6个星期，闪电战的威力让法国体会到了亡国的耻辱。法国的战败使得英国必须独自面对德国。占领法国后德国空军就在法国北部集中，准备可能的登陆英国计划（即海狮计划）。德国决定首先进行空战消灭英国皇家空军，即不列颠战役。当时在欧洲大陆没有大的地面冲突，因此空战成了主要的战事。不列颠战役的最终结果是，希特勒在9月17日下令“无限期推延”海狮计划，德国登陆英国的企图宣告失败。另一个令希特勒取消海狮计划的主要原因是他已将战略目标由西欧转向了苏联。

不列颠战役

（3）敦刻尔克大撤退

敦刻尔克大撤退是第二次世界大战时，英法联军防线在德国机械化部队快速攻势下崩溃之后，在敦刻尔克这个位于法国东北部靠近比利时边境的港口城市进行当时历史上最大规模的军事撤退行动。最终英国得以利用各种船只撤出大量的部队。这次大规模的撤退行动虽然成功挽救了大量的人力，可是英国派驻在法国的远征军的所有重型装备都被丢弃在欧洲大陆上，导致英国本土地面防卫出现严重的问题。

如果英国远征军主力无法撤回英国，那抗击德国入侵的就只剩下童子军了（童子军是英国半军事化的少年组织）。以后的战争发展也就难以预料，对于英国而言，如此惨重的损失将是无法弥补的。尽管英军失去了大量的装备和军需物资，但保留下一批经过战争考验的官兵，这是一批纪律严明，训练有素，作战英勇的精锐官兵，四年后在诺曼底登陆的英军中，这些人无疑是绝对的中坚骨干力量。敦刻尔克的伟大意义就在于，英国保留了继续坚持战争的最珍贵的有生力量。正如丘吉尔在6月4日向议会报告敦刻尔克撤退时所说："我们挫败了德国消灭远征军的企图，这次撤退将孕育着胜利！"

敦刻尔克大撤退

英国著名的军事历史学家亨利·莫尔指出，欧洲的光复和德国的失败就是从敦刻尔克开始的！这绝不是一场奇耻大辱的败退。美国军事历史学家则把敦刻尔克撤退列为二次世界大战最著名战役之首。而纳粹德国陆军上将蒂佩尔斯基在战后撰写的《第二次世界大战史》中满怀敬意地写到："英国人完全有理由为他们完成的事业感到自豪！"

敦刻尔克大撤退

第二次世界大战后，在敦刻尔克的海滩上，建起了一座纪念碑，以纪念在这场史诗般的大撤退中英勇献身的英法联军阵亡将士。纪念碑下，经常放满了前来瞻仰的人们敬献的鲜花，这是后人对于那些为了自由和理想而献出自己宝贵生命的将士的敬意！

（4）列宁格勒保卫战

1941年8月下旬，气急败坏的希特勒在北翼调集了32个步兵师、4个坦克师、4个摩托化师和1个骑兵旅的兵力，配备6000门大炮、4500门迫击炮和1000多架飞机，向列宁格勒发动猛烈攻势，扬言要在9月1日占领列宁格勒。在“巴巴罗莎”计划中，攻占涅瓦河上这座城市被看作是“刻不容缓的任务”——从地球上抹掉列宁格勒，杀光居民，消灭无产阶级革命的摇篮。

包围列宁格勒之后，德军对该市实施了骇人听闻的野蛮轰炸和炮击，投掷了10多万枚航空燃烧弹和航空爆破炸弹，妄图用恐怖轰炸和饥饿困死守城军民。9月9日，德军又向列宁格勒发起新的进攻。伏罗希洛夫元帅由于指挥不利而被撤职。9月10日，朱可夫大将接替指挥列宁格勒方面军。朱可夫做出的第一个决定是：即使战至最后一人，也要守住列宁格勒。他的口号是：“不是列宁格勒惧怕死亡，而是死亡惧怕列宁格勒！”

列宁格勒保卫战

与此同时，朱可夫迅速调整和加强了列宁格勒防御，各预备部队得到了民兵支队的补充，大批海军军人离舰上陆，一部分高射炮调到高地上用于打坦克。至9月底，列宁格勒西南和南面的战线趋于稳定。德军一举夺取列宁格勒的计划破产了，抽调北路基本兵力进攻莫斯科的企图也随之失败。从南面夺取列宁格勒的计划失败后，德军于10月改向季赫温实施突击，与芬兰军队会合，企图完全封死列宁格勒。但是，德军未能突至斯维里河。11月中旬，苏军转入了反攻，11月20日，攻占了小维舍拉，12月9

日夺回了季赫温，将德军赶过沃尔霍夫河。

列宁格勒保卫战具有全民动员的性质。列宁格勒的工业给前线提供了武器、装备、服装和弹药，而该市居民则在被封锁后第一个冬春提供了10万多新兵。为了使居民免于挨饿，拉多加湖区舰队承担了湖上给养、弹药和武器的输送。11月中旬，湖上航行因为冰封而中止。11月19日，又在拉多加湖的冰上开辟军用汽车路，被围城市通过冰上交通线得到了战斗和生活必需品的供应，疏散了没有劳动能力的居民以及工业设备等。

列宁格勒保卫战战场遗址

1943年夏秋，苏军又打破了德军再度封锁列宁格勒的企图，并且肃清了沃尔霍夫河岸基里希登陆场的德军，攻占锡尼亚维诺，从而改善了战役态势。1944年夏，苏军在红旗波罗的海舰队、拉多加湖区舰队和奥涅加湖区舰队的配合下，击溃了苏德战场北翼的德军战略集团，列宁格勒的安全有了充分保障。列宁格勒保卫战于1944年8月10日胜利结束，对苏德战场的战争进程产生了巨大的影响。这次战役牵制了德军重兵和芬兰的全部军队。战役结束后，苏军的大量兵力腾出来转用于其他战略方向。

（5）斯大林格勒战役

斯大林格勒战役，又称斯大林格勒会战，是第二次世界大战中前苏联伟大卫国战争的主要转折点，也是人类历史上最为血腥和规模最大的战役之一。参战主要军队为苏联和纳粹德国。这次会战从1942年7月17日开始，1943年2月2日结束，历时六个半月。战役以参战双方伤亡惨重及对平民牺牲的漠视而成为人类战争史上的著名战役之一。

一般认为，该次战役包括下述几部分：德军对苏联南部城市斯大林

斯大林格勒战役

格勒（旧称“察里津”，现称“伏尔加格勒”）的大规模轰炸行动；德军攻入市区；市区的巷战；苏联红军合围；最终全歼德军及轴心国盟军。战争中总伤亡人数估计超过200万人。由于苏联政府害怕过高的伤亡统计会影响民众，因此在当时拒绝提供详细的伤亡数据。轴心国一方在这场战役中损失了其在东线战场的四分之一的兵力，并从此一蹶不振，直至最终溃败。对苏联一方而言，这场战役的胜利标志着收复沦陷领土的开始，并最终迎来了1945年5月对纳粹德国的最后胜利。

无论从什么角度评论，斯大林格勒战役都是二战中甚至人类战争史上最为惨烈的战役之一。整个战役持续了199天。由于战役规模太大，伤亡者人数始终无法得到准确统计。在战役最后阶段，德军仍然对苏军造成了沉重的打击，同时，苏军也几乎消灭了德军的精锐之师第六军团的全部和部分第四装甲军团。许多学者估计轴心国军队在这场战役中共伤亡60万人，其中包括：30万德国军队，15万罗马尼亚军队，7万意大利军队，5万匈牙利军队和5万左右的苏联投降部队。德军伤亡人数中阵亡和俘获的比例非常之高（96 000人左右被俘）。斯大林格勒会战后，德军完全丧失了苏德战场的战略主动权，正如德国陆军总参谋长蔡茨勒将军所说的：“我们在斯大林格勒损失25万官兵，那就等于打断了我们在整个东线的脊梁骨。”同时，苏联也付出了沉重的代价，苏军具体伤亡人数为：474 871人死亡，974 734人受伤。在德军攻入城区的短短1星期内，超过4万苏联市民被杀，而在整个战役中牺牲的平民人数没有准确的统计，但可以说肯定远远超过这

希特勒检阅进攻斯大林格勒的德军

个数字。

为了纪念斯大林格勒战役中可歌可泣的英雄事迹，这座城市在1945年被命名为“英雄城”。60年代，苏联在城外的山丘马马耶夫岗，树起了高达52米的“俄罗斯母亲纪念碑”。塑像中就包括当时战斗时被炸毁的废墟。大谷物仓库和巴甫洛夫大楼等见证了非常激烈的战斗的场所，至今仍接待后人的参观。

（6）北非和地中海战场

北非和地中海战场是第二次世界大战时期意大利和德国为一方，英美为另一方的武装力量之间为争夺重要战略地区和目标，争夺北非、近东和地中海的控制权的军事行动。

意大利在非洲大陆展开了两个军队集团，一个在东北非（30万人），一个在北非（23.6万人）。这两个地区的英军分别为3.25万人和6.6万人。在东北非，意军于1940年7~8月开始从埃塞俄比亚向苏丹、肯尼亚和英属索马里腹地进攻，夺占了许多地区，但是苏丹和肯尼亚军队的顽强抵抗及在埃塞俄比亚展开的游击运动迫使意军转入了防御。根据战区条件，军事行动在宽50~80公里的沿岸地带进行，并从1940年9月13日持续到1943年5月13日。

第二次世界大战中的战舰

地中海战场是第二次世界大战

的组成部分，自1940年6月10日意大利宣布正式参战开始，至1943年9月10日意大利海军舰队在马耳他岛向英国投降止，历时3年3个月。地中海海战主要是英美为首的同盟国与意大利、德国围绕着地中海海上交通线展开的争夺战。意大利和德国海军总共损失舰船389艘，吨位306 423吨；商船损失132艘，吨位2 106 521吨。英美盟国海军损失舰船349艘，吨位506 061吨。

（7）诺曼底登陆

诺曼底登陆战役发生在1944年6月6日6时30分，是第二次世界大战中盟军在欧洲西线战场发起的一场大规模攻势。这次作战行动的代号Operation Overlord。这场战役盟军计划在1944年6月6日展开，8月19日渡过塞纳-马恩省河后结束。虽然这场战役离现在已有半个多世纪，但诺曼底战役仍然是目前为止世界上最大的一次海上登陆作战，接近三百万士兵渡过英吉利海峡前往法国诺曼底。

诺曼底战役中作战的盟军主要由加拿大、英国及美国组成，但在抢滩完成后，基本上自由法国及波兰也有参与这场战役，当中的士兵来自比利时、捷克斯洛伐克、希腊、荷兰和挪威等国。

进攻诺曼底在登陆的前一天晚上展开，空降兵空降作战，战斗机展开大规模的空中轰炸，而两栖登陆战则在6月6日早上开始。在登陆前，“D-Day”的军队主要部署在英格兰南部沿海地区，尤其在朴茨

诺曼底登陆

太平洋战争

茅斯。诺曼底战役持续了超过2个月，最终，盟军成功建立滩头堡，并在8月25日解放巴黎，宣告结束诺曼底战役。

诺曼底登陆的胜利，宣告了盟军在欧洲大陆第二战场的开辟，意味着纳粹德国陷入两面作战，减轻了苏军的压力，协同苏军有利地攻克柏林，迫使法西斯德国提前无条件投降，以便美军把主力投入太平洋对日全力作战，加快了第二次世界大战的结束。

（8）太平洋战争

为抑制日军扩张势头，美国对日本的石油、钢铁等战略物资的供应大为削减，致使深陷中国战场的日本陆军更加艰难。为此，与陆军部甚为不和的海军部极力主张打一个漂亮仗给陆军看，物资供应的奇缺使天皇裕仁也倾向于向美国挑战。东条英机上台后，极力主张实行“大东亚共荣圈”政策，以便从东南亚掠夺资源支援前线，做一个幅员辽阔、物产丰富、名副其实的“大日本帝国”。

珍珠港事变前夕，日本积极实施外交和谈的政策，实行假和谈、真战争的阴谋。日本联合舰队总司令山本五十六是个痴迷的赌徒，在军事上也是一样好赌，要么大获全

珍珠港事变

胜，要么一败涂地。山本在美国考察过，深知美国经济实力和军事工业的强大，本来山本是不同意贸然同美国开战的，但收到东条一意孤行的命令后，便决定服从命令。作为一个军人，山本认为，当战争无可避免的时候，就应该拿出武士道精神，同宿敌美国决一死战，他要用自己的方式与美国豪赌一把。在外交谈判上，蒙在鼓里的美国政府拒绝了日本政府提出的“甲案”和“乙案”，谈判彻底破裂。马上，日本对美宣战，与此同时，日本提前派遣的军队已袭击了菲律宾和夏威夷的珍珠港基地。

1941年11月17日，偷袭珍珠港的联合舰队离开柱岛锚地。26日，集结后的攻击舰队离开单寇湾，取道北太平洋航线向珍珠港进发，太平洋战争序幕掀开。12月7日，日军在马来半岛北部哥打巴鲁和泰南的北大年和宋卡登陆。12月8日，日本偷袭珍珠港成功并空袭英美在远东的军事设施。12月9日，日美英相互宣战，步其后尘者有加拿大、澳大利亚、新西兰等20余个国家，太平洋战争正式爆发。12月10日，英国的“威尔斯亲王”号和“反击”号被日本海军航空兵击沉。12月25日，日军占领香港，在军官酒井隆的纵容下，暴行持续了整整三天。

1942年2月15日，新加坡英军司令帕西瓦尔签订投降书，新加坡弃守。3月9日，印尼荷军投降。由于麦克阿瑟的轻敌，致使美、菲联军被困巴丹半岛。3月11日，麦克阿瑟离菲赴澳就任联军统帅。4月18日，美国使用航母编队运载B-25中型轰炸机，首次轰炸东京。5月6日，由于药品奇缺、疾病流行，温

日军偷袭珍珠港

莱特中将被迫向敌本间雅晴中将投降，菲律宾沦陷。5月8日，珊瑚海海战结束，美军损失“列克星顿”号航空母舰，但挫败了日军攻占莫尔兹比港的企图，重创日军两艘航空母舰。5月8日，缅北重镇密支那失守，中国远征军全面撤退，缅甸落入日军之手。6月3至6日，日本中途岛战役败北，损失四艘主力航空母舰，这也是太平洋战争转折点。

签订《开罗宣言》

1942年8月美国和日本抢占瓜达尔卡纳尔岛，在之后的6个月内双方部队发生激烈战斗，日本海军被瓜达尔卡纳尔岛战役拖累，从此便再也无法恢复元气。日军在瓜达尔卡纳尔岛败战使太平洋战争攻守之势互换。至此日本不得不开始打一场防御战。1943年4月18日，美国太平洋舰队总司令亲自签发“‘复仇’行动”作战命令，日本海军联合舰队司令山本五十六座机遭伏击丧命。11月22日至26日，中英美召开开罗会议，并签订《开罗宣言》。

1944年1月31日，美军进攻马绍尔群岛。1944年4至11月，日军为“打通大陆交通线”，在中国展开“一号作战”计划，即豫湘桂战役。1944年6月15日，美国开始对日本本土实施战略轰炸。1944年8

日本宣布无条件投降

月10日，美军完成攻占马里亚纳群岛任务。1944年10月23至25日，莱特湾海战日军惨败。

1945年3月4日，马尼拉光复。5月3日，中英美联合反攻缅甸胜利。6月22日，日本失冲绳岛。7月16日，美国成功试炸原子弹。7月26日，中英美发表《波茨坦公告》。8月6日，广岛遭受原子弹“小男孩”袭击，日本平民死亡14万人。8月8日，苏联对日宣战并出兵中国东北。8月9日，美国在长崎投掷第二颗以丘吉尔的体形命名的原子弹“胖子”，日本平民死亡7万人。日本在8月15日正式宣布投降。

（9）中途岛战役

中途岛，面积只有4.7平方公里，其特殊的地理位置决定了它战略地位的重要性。该岛距美国旧金山和日本横宾均2800海里，处于亚洲和北美之间的太平洋航线的中途，故名中途岛。另外它距珍珠港1135海里，是美国在中太平洋地区的重要军事基地和交通枢纽，也是美军在夏威夷的门户和前哨阵地。中途岛一旦失守，唇亡齿寒，美太平洋舰队的大本营珍珠港也将不保。

中途岛海战于1942年6月4日展开，是第二次世界大战的一场重要战役。美国海军不仅在此战役中成功地击退了日本海军对中途环礁的攻击，还因此得到了太平洋战区的主动权，所以这场仗可说是太平洋战役的转折点。

日本在珊瑚海海战之后的仅仅一个月就已经把中途岛拟定为下一个攻击目标，这不只能报美国空

中途岛海战

中途岛战役

军空袭东京的一箭之仇，还能打开夏威夷群岛的大门，防止美军从夏威夷方面出动并攻击日本。日本海军想借此机会将美国太平洋舰队残余的军舰引到中途岛一举歼灭。为达到该目的，日本海军几乎倾巢而出，投入大半兵力，舰队规模甚至超越后来史上最大海战莱特湾海战时的联合舰队，是日本海军在二战中最大的战略进攻。然而由于珊瑚海海战的牵制，使联合舰队少派遣两艘航空母舰——即受伤的“祥鹤”“瑞鹤”号，对作战造成极严重的影响。

若日本海军达到所定下的目标，那美国西岸就会直接遭到日本海军的威胁。由于美国其余的海军军舰已部署到北大西洋，美国在短期内就没有能力有效地在太平洋对日本海军做出反击。日本深知美国的军事潜力，美国巨大的工业生产能力一旦完全纳入战争轨道，日本就很少有获胜的希望。所以日本希望在这种情形出现之前就逼迫美国坐到谈判桌前，迅速结束与美国的战争。

一些军事学者也认为，如果日本海军威胁或者真的攻击美国西岸的话，便会迫使美国把急需送往欧洲前线的军事配备转移到美国西岸，这不但会造成欧洲战区出现军需短缺的现象，甚至可能使欧洲战区再次失守，而让纳粹德国得到最后的胜利。

◆二战的影响

二战的影响主要有以下几点：

第一，世界政治局势形成了

社会主义阵营

社会主义和资本主义两大阵营的对峙，并开始分化。

①在世界反法西斯战争的影响和鼓舞下，东欧和亚洲出现了一系列人民民主国家，在共产党的领导下走上了社会主义道路。社会主义力量不断壮大，超越了国界，形成了以苏联为首的社会主义阵营，社会主义运动曲折发展。

②二战后，西欧国家普遍衰落，美国一枝独秀，形成以美国为首的资本主义阵营。美国对社会主义国家推行霸权主义政策，出现了北约与华约两大军事集团的对峙。同时，西欧、日本要求摆脱美国的控制，美国的资本主义世界霸主地位受到冲击，资本主义阵营内部矛盾重重，两大阵营趋向瓦解。

第二，客观上推动了现代经济的迅速发展。

①主要资本主义国家在美国“马歇尔计划”的扶持下以及第

布雷顿森林体系形成

三次科技革命的推动和国家垄断资本主义空前发展的情况下，进入了高速发展和空前繁荣的“黄金时期”。

②美国成为资本主义世界头号强国，建立了以美元为中心的资本主义世界货币体系——布雷顿森林体系。

③日本、联邦德国迅速崛起，成为仅次于美国的资本主义世界经济强国，资本主义世界形成美、日、西欧三足鼎立的局面。

④这一阶段的社会主义国家，经济虽然有所恢复和发展，但是各国照搬了苏联高度集中的政治经济体制，弊端日益显露，各国纷纷进行改革，未能找到适合本国国情的建设道路，严重制约了经济的快速发展，潜伏着各种危机。中国后来进行改革开放，最终找到了一条具有中国特色的社会主义建设道路。

第三，形成了以“冷战”为主的国际关系。

法西斯同盟巨头

①第二次世界大战，摧毁了德、日、意三个法西斯强国，削弱了英法两个大国，以欧洲为中心的传统国际关系格局不复存在，形成了美苏两极主宰世界的“雅尔塔体系”新格局。

②美国在战后确立了其世界政治经济霸权地位，操纵联合国，控制资本主义国家，对社会主义国家实行“冷战”。

③战后的苏联成为唯一能够抗衡美国的政治军事大国，美苏两个大国按照雅尔塔等国际会议的基本原则，重新划分了各自的势力范围。苏联在20世纪50年代中期开始推行霸权主义，美苏争霸给世界造成了不稳定因素。

德国科隆教堂

④世界各国人民争取和平和进步的思想日益深入人心，二战后的半个多世纪里没有发生新的世界大战。

第四，民族解放运动向纵深发展。

世界反法西斯战争的胜利，为殖民地半殖民地人民的解放事业开辟了更加广大的可能性和更加现实的道路。战后以民族民主革命为主要内容的革命烽火燃遍了整个亚洲、非洲和拉丁美洲。从20世纪70年代开始，绝大多数国家取得了民族独立，帝国主义殖民体系彻底崩溃。第三世界兴起，并在

1990年纳米比亚独立

国际事务中发挥着越来越重要的作用。这突出地反映在联合国的变化和第三世界争取建立国际经济新秩序的斗争上。

二战之后，在和平的环境中，德国人再次创造了经济奇迹。经过一代人的努力，这个历经两次大战重创的国家，发展成为仅次于美国和日本的世界第三大经济强国。而作为欧盟的重要成员国，它也找到了通过振兴欧洲来壮大自己的强国之路。

第四章 世界战争

从古至今，人世间不知发生过多少次悲壮激烈的战争。运筹帷幄，攻城略地，长途奔袭，短兵相接……种种战例，或记之于史册，或见之于名著，或流传于口头。战争，是人类绝不期望发生的。但它又似乎贯穿于人类历史的始终。从古老中国的“武王伐纣”、公元前73年爆发在古罗马的“斯巴达克起义”，到近现代的第一、第二次世界大战，以及现代中国的所谓解放战争——纷涌的战事几乎是改朝换代必经的过程，是一切有着政治野心的人们手中可以利用的最有效的工具。

斯巴达克起义

据统计，第一次世界大战花了28 500亿美元，第二次世界大战花了40 000亿美元，朝鲜战争3400亿美元，越南战争7200亿美元，波斯湾战争1020亿美元，第四次阿以战争210亿美元，阿富汗战争1160亿美元，两伊战争1500亿美元，美国对南斯拉夫科索沃空袭费用是250亿美元。第二次世界大战，军队伤亡总数约5000万以上，无辜平民伤亡人数高达9000万。战争带给人民的是无穷无尽的灾难。战争不仅夺去了那些手持利器的兵士的生命，更夺走了许多手无寸铁

残酷的战争

的无辜老百姓的生命。战争让很多家庭家破人亡，妻离子散，人们过着流离失所的逃亡生活，并随时可能被死亡吞没。

战争是一门博大精深的艺术，它有许多规律和经验，值得人们去总结。青少年朋友们可从本章列举的战争所展现的刀光剑影、枪林弹雨中窥视到战争的沿革，领略到军事家们的才干和谋略，体会到英雄们的无私和勇猛。同时更能从这些战争所描绘的尸横遍野、血流成河的场面中得到启迪：居安思危，警钟长鸣，并要竭尽全力，维护世界的和平与安宁。

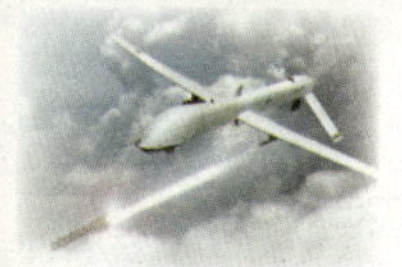

西方古代战争

◆希波战争

希波战争是古代波斯帝国为了扩张版图而入侵希腊的战争，战争以希腊获胜，波斯战败而告终。希腊在希波战争里取胜，使得西方世界的历史中心由两河流域向地中海地区推移，希腊文明得以保存并发扬光大，成为日后西方文明的基础。而且希腊战胜亦确保了希腊诸城邦的独立及安全，使得希腊继续称霸东地中海数百年。波斯在这场战争里战败，使其对外扩张的气焰受挫，并逐渐走向衰落，最后被马其顿的亚历山大大帝所灭。

第一次入侵：波斯王为了惩罚雅典和埃维厄，决定出兵希腊。他首先运用外交攻势，离间希腊诸城邦的关系。然后在公元前490年，波斯王大流士一世出动陆海军共25 000人，进攻雅典和埃维厄两国。埃维厄很快便被波斯军队攻陷，并且被血洗及彻底掠夺，所有市民均被贬为奴隶。

希波战争

雅典面对波斯大军压境，曾求助于斯巴达，但斯巴达却拒绝了，雅典无奈之下只有孤军作战。雅典派米提阿德斯组编一万重装步兵，前赴波斯军的着陆地点——马拉松平原与之决战，而雅典则由海军负责防守。波斯军队为雅典军队的两倍，米提阿德斯因而将全军布阵至与波斯军队一样长度的简单平行战斗序列，并将精锐安插在两翼。交战初期，雅典军中路被波斯军步步进逼，只得向后退却，而波斯军中路却因此而变得更为突出了。雅典军两侧精锐立即合围中路波斯军，结果波斯陆军被围歼，被完全击败。而由海路偷袭雅典的波斯海军，亦不能打败雅典海军，只得撤退。雅典军于马拉松战役中只有192人阵亡，但波斯军却损失了6400人，但这对庞大的波斯帝国来说并不是重大的打击，因此波斯帝国在此战后仍时刻寻找机会进攻希腊。结果在十年后，第二次希波战争爆发。

第二次入侵：公元前480年，接任的波斯王泽克西斯一世（即薛西斯一世）亲率陆军30万及战舰1000艘再度进兵希腊。雅典面对波斯大军再度压境，全城立即进入备战状态，以地米斯托克利为主帅，阿里斯德岱斯为副将迎战。这次波斯号称百万大军压境，使得全希腊各城

希波战争

邦均有着生死存亡已系于一线的感觉，因此结盟起来，共抗波斯，斯巴达亦参与了对抗波斯的行动。

公元前480年9月，雅典300多艘战舰在萨拉米湾集结，并派人假装逃兵，向波斯王谎报雅典舰队内讧，应即时出兵，结果成功引诱波斯王下令全军600多艘巨型战舰驶进海湾。然而萨拉米湾甚为狭窄，波斯的巨型战舰不能自由行驶，而雅典的战舰小巧迅速，并以船头的撞角来撞击波斯舰只的侧面，结果波

斯舰队乱成一团，最后被雅典海军大败，波斯军队只得撤退。

公元前479年，波斯王派大将统率50 000大军再度进攻希腊，这次特米斯托克利斯再次使用空城计，移师海面。而斯巴达则统率伯罗奔尼撒半岛联军共三万人与波斯陆军于普拉提亚进行决战，并击毙了波斯大将，结果波斯军大败，只得再次撤回东方。该年，以雅典为首的希腊海军反攻波斯，攻进小亚细亚，使小亚细亚诸希腊城邦脱离波斯的统治。公元前478年，希波战争以双方签订卡里阿斯和约而告结束，波斯帝国从此承认小亚细亚之希腊城邦的独立地位，并且将其军队撤出爱琴海与黑海地区。

◆布匿战争

公元前264—前146年，古罗马与迦太基为争夺地中海西部的统治权进行了一场战争。因罗马人称迦太基人为“布匿”，故此役名为“布匿战役”。公元前275年，罗马征服整个意大利半岛后，成为奴

布匿战争形式图

隶制强国，开始向海外扩张，与早已称霸地中海西部的迦太基发生冲突。双方间主要有三次战争。

第一次战争（公元前264—前241年）：主战场在西西里岛及其附近海域，导火线是梅萨纳争端。战争初期，罗马军在陆战中取得优势，占领西西里岛大部地区，并于前262年攻占迦太基人在西西里岛西南岸的主要据点阿格里真托。但迦太基在海上占有优势，仍控制着西西里岛西部地区和沿海一些要塞。罗马迅速建立一支拥有120余艘大型战舰的舰队，并为在海战中发挥其步兵善于格斗的特长，发明了新的海战技术——接舷吊桥（又称“乌鸦吊”）。前260年，在米拉海战中，罗马海军首次使用接舷吊桥，将迦太基舰队打败。前256

年，罗马派出一支庞大军队（约5万人、330艘战舰）远征迦太基本土，在埃克诺姆斯角海战中再败迦太基舰队。罗马军队在北非登陆后进展顺利，但随着战事的拖延，兵力和粮食补给日渐困难，士兵思乡厌战，被迫撤回部分兵力。迦太基乘机募集大量雇佣军，并任命有经验的斯巴达人克桑希普斯为统帅，于前255年发动反攻。罗马军大部分被歼，执政官勒古鲁斯被俘。前往支援的罗马舰队在返国途中遇风暴袭击，几乎全军覆没。此后，战争在西西里周围又延续10余年。其间，罗马重建舰队。前241年，罗马舰队在西西里岛以西埃加迪群岛附近重创迦太基舰队，击沉50艘，俘70艘，夺得制海权。迦太基无力再战，被迫接受媾和条件：放弃西西里及其与意大利之间各岛屿，10年内向罗马赔偿3200塔兰特。

第一次布匿战争

第二次战争（公元前218—前201年）：罗马虽夺取了西西里，但并未完全掌握对西地中海的控制权，遂继续推行扩张政策。前238年，罗马背弃和约，攻占迦太基属地撒丁岛和科西嘉岛。迦太基也不甘失败，在镇压雇佣兵起义和奴隶暴动后积极备战，准备向罗马复仇。前237年，迦太基将军哈米尔卡·巴卡率军渡海侵入西班牙东南沿海地区，经九年征战和经营使之成为扩军备战、发展经济的基地。前221年，哈米尔卡之子汉尼拔继任军事统帅后加紧战备，于前219年出兵攻占伊贝鲁斯河以南与罗马结盟的西班牙城市萨贡托。次年春，罗马向迦太基宣战。罗马人计划兵分两路，一路由执政官T.森普罗尼乌斯率领，经西西里进攻迦太基本土；另一路由P.C.西庇阿（大西庇阿之父）率领，在高卢登陆牵制汉尼拔。据此，汉尼拔决定先发制人，从陆路进军，以避开罗马的海上优势。前218年4月，汉尼拔率步骑精兵约6万人、战象数十头，从新迦太基城出发，进军意大利。行军途中，迦太基军克服重重天险，粉碎土著部落袭击，翻越阿尔卑斯山，于同年10月抵达意大利北部波河平原，但兵力已损失过半。汉尼拔与被罗马征服的山南高卢结盟，部队兵员及时得到补充。汉尼拔的突然出现使罗马人大为震惊，被迫在本土仓促应战。在提契诺河和特雷比亚河地区，汉尼拔连挫罗马军。罗马军退守中部意大利，分东、西两路堵截，阻止汉尼拔南下。前217年4月，汉尼拔采用迂回战术，穿越难以通过的沼泽地带，绕开敌军主力向罗马挺进。6月，罗马执政官G.弗拉米尼乌斯率兵尾追至特拉西梅诺湖附近山口。时值大雾，弗拉米尼乌斯未经侦察即率4个军团约2.5万人进入三面环山、一面临湖的谷地，遭伏击后几乎全军覆没。弗拉米尼乌斯战死，约1.5万人阵亡，数千人被俘。

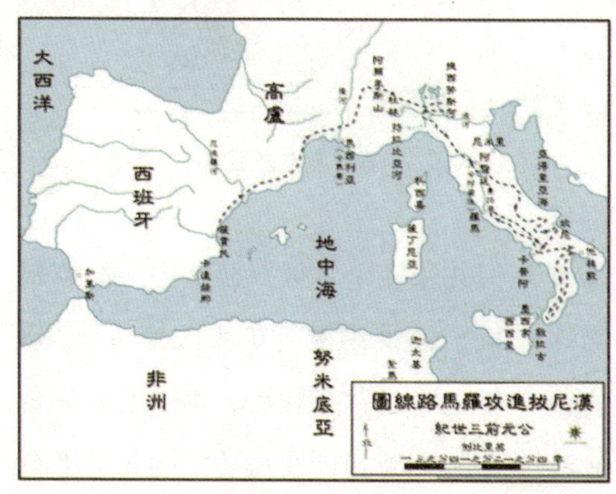

第二次布匿战争

第三次战争（公元前149—前146年）：第二次布匿战争后，迦太基在经济上逐渐复苏。罗马害怕迦太基重新崛起，蓄意消灭迦太基。前150年，罗马纵容努米底亚侵占迦太基沿海地区，迦太基被迫自卫。前149年，罗马以违背条约为借口再次向迦太基宣战，派出由8万步兵、

迦太基古城遗址

4000骑兵、600艘战舰组成的大军在迦太基的乌提卡登陆。迦太基无力应战，罢战求和。罗马要求迦太基交出300名人质和一切武器装备。迦太基答应这些条件后，罗马又要求毁掉迦太基城，居民移至距海不少于15公里的内地。迦太基人决心抗敌，杀死主降的元老，释放奴隶，重建军队，赶造武器，修筑工事，誓死保卫都城。头两年，由于城防坚固，存粮充足，罗马军久围不克。前147年，西庇阿（小）当选执政官，率军加强围攻，断绝迦太基人与外界的联系，致使城内发生饥荒。前146年春，小西庇阿发起总攻，突入城内。迦太基人与敌展开激烈巷战，顽强抵抗六昼夜。战争结束后，迦太基尚存的5万居民沦为奴隶，城市被付之一炬。罗马在迦太基领土上设立阿非利加省。

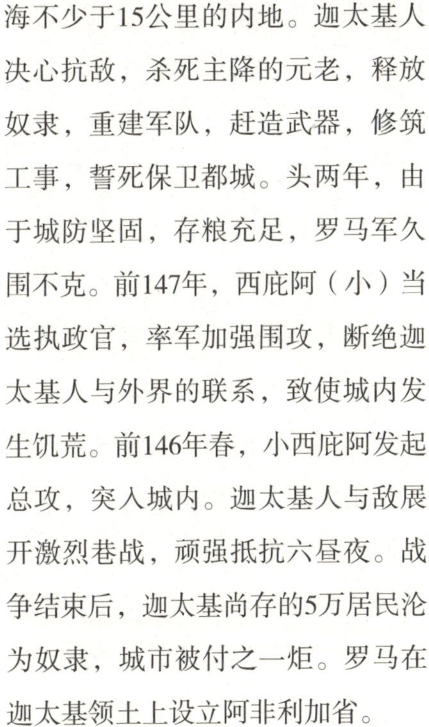

布匿战争延续一个多世纪，战场所及的国家和地区遭到极大破坏，但它在西方军事史上占有重要地位，使古代军事学术发展到一个新的高峰。罗马为战胜迦太基而组建海军并创造了新的接舷战术；迦太基统帅汉尼拔为避开罗马的海上优势而从陆上长途跋涉，翻越天险阿尔卑斯山，深入罗马腹地，并采用诱敌深入战法，创造了以劣势兵力围歼优势之敌的范例。汉尼拔在敌国领土上开展政治心理攻势，

卢浮宫的汉尼拔雕像

采取分化瓦解罗马同盟者进而孤立罗马的策略，以及分别以己之长击敌之短，巧妙与敌周旋，长期坚持游击歼敌的策略，对后世军事战略都有深远影响。

◆十字军东征

1095年冬天，罗马教皇乌尔班二世在法国的克勒蒙城召开宗教会议。他对前来听他演说的各国骑士发出号召："任何人专为虔诚而不为虚荣和私利去到耶路撒冷，以救出上帝的教堂者，即此跋涉便足以代替一切的忏悔。"确定了参加东征者完全免罪。进而拉开了为期200多年的"十字军东征"。十字军大规模东征（主要是陆路）共进行过八次。1291年十字军丧失了其在东方的最后据点阿克，十字军东征最终以失败告终。

十字军东征

十字军东征是天主教会在解放巴勒斯坦基督教圣地（耶路撒冷）的口号下发起的。耶路撒冷和其他拜占庭领土一起是在11世纪末叶被穆斯林（塞尔柱突厥人）占领的。十字军参战者服装均饰以红十字为标志，故称"十字军"。十字军东征促使西欧军队重装骑兵作用的下降和轻骑兵、步兵的复兴，使西方对东方民族的军事学术发生了兴趣，其结果是学会了制造燃烧剂（希腊纵火剂），后来又发明了火药与火器。同时，他们还从阿拉伯人那里学会了使用指南针，从而大大改善了航海的条件。十字军东征持续了将近二百年。在十字军东征过程中，桡桨战船队开始被帆船队所代替，这标志海军战略战术发展的新时期已经开始。东方击退西方封建主的猛烈攻势，继而转入对封建欧洲的进攻。土军占领巴尔干半岛，并开始向欧洲腹地推进。同时，十字军东征结束了阿拉伯人和拜占庭人在地中海的统治地位。地中海区域的贸易被威尼斯共和国和热那亚共和国垄断，从而加速了意大利北方许多城市的发展。总的来说，十字军东征使东方和西欧各国千百万人丧生，并造成了巨大物质损失，大大破坏了这些国家生产力的发展。

尽管十字军东征给东方和西欧各国生灵涂炭，造成了巨大的物质损失，但它们对欧洲文明却有着长远的影响，这种影响不仅仅限于它为欧洲基督教各王国的内战找到了一个出口，它还使得欧洲大陆走上了一条世界主义的道路，使欧洲人认识到更为广阔的外部世界。老兵们看到在他们的乡村里永远也看不到的东西，他们带回来的故事点燃了欧洲创造新文明的火花。

◆百年战争

百年战争是指英国和法国，以及后来加入的勃艮第于1337年—1453年间的战争，是世界历史上最长的战争，断断续续进行了长达116年，其结束之年也被认为是中世纪结束的标志之一。在战争过程中，双方武器装备和战术思想

百年战争地图

都经历了缓慢而深刻的转变，战争的过程也推动了交战双方的战争体制的调整。

1328年，查理四世去世，法国卡佩王朝绝嗣，支裔瓦卢瓦王朝的腓力六世继位，英王爱德华三世以法王查理四世外甥的资格，与腓力六世争夺王位，触发战争。1337年11月英王爱德华三世率军进攻法国，

少女贞德

战争开始。1340年，英法两国发生海战，法军战败。英国控制了英吉利海峡。1346年8月，双方在克雷西会战，英军大捷，乘胜进入诺曼底。1347年攻占法国的加来。1356年9月，普瓦提埃之战，法军大败，法王约翰二世（1350—1364年在位）及众臣被俘，英借此向法国索取巨额赎金。1360年法国王子查理被迫签订屈辱的《布勒塔尼和约》，把加来及法国西南部大片领土割让给英国。1364年，王子查理继位，称查理五世（1364—1380年在位），为了夺回失地，改编军队，整顿税制，紧张备战。1369年起连续发动攻势，几乎收复全部失地，1396年双方缔结二十年停战协定。1415年8月，英王亨利五世（1413—1422年在位）趁查理六世（1380—1422年在位）即位后法国统治阶级发生内讧之机，领兵进攻法国，10月占领法国北部。1420年双方签订《特鲁瓦条约》，条约规定法国王太子的王位继承权转归英王亨利五世。亨利五世与查理六世之女结婚。这项条约实际上将法国分为由亨利五世、勃艮第公爵和法国王太子查理

分别统辖的三个部分。1422年法王查理六世与英王亨利五世先后去世，英方宣布由未满周岁的亨利六世（1422—1461年，1470—1471年在位）兼领法国国王。1428年10月，英军围攻通往法国南方的要塞奥尔良城，形势危急。法国人民组成抗英游击队，袭击敌人。1429年，法国女民族英雄贞德率军击退英军，解奥尔良城之围。此后，法国人民抗英运动继续高涨，英军节节败退。1429年7月，王子查理在兰斯加冕，称查理七世。1435年勃良第公爵臣服于法王。1453年10月，驻波尔多英军投降，除加来外，法国领土全部收复。至此，百年战争以法国的胜利而结束。

百年战争，不论对英国或法国人民来说都是一场灾难，当时又是黑死病流行的时代，在战争和疫病的双重打击下，英法两国的经济大受创伤，民不聊生。曾有一位西方历史学家指出："百年战争是一场持续百年的屠杀游戏。当两国的皇族及贵族为了自己所夺得的利益而庆祝的时候，那些痛失家园及亲人的无辜平民却只能在无声地痛哭。战争打了一百年，人民也哭了一百年。"这种说法可谓一针见血，一语道破了这场战争的残酷。因为这场战争是在法国的土地上进行的，法国变得满目疮痍，很多人民无家可归，但法国最后亦因为这场战争完成了民族的统一大业，为其日后在欧洲大陆的扩张打下基础。英国在百年战争后不但一无所获，还丧失了几乎所有在法国的领地，结果迫使其放弃大陆制霸的企图，转而

巴黎先贤祠壁画上的少女贞德

向海上发展，从而走上了海上帝国的道路……战争的结果：把英国人赶出法国对两个国家都是幸事。若英国人继续留在法国，那么法国人在领土和财富上所占的优势必然会阻碍分离的英国民族的发展；而法国民族被外国势力占领了众多的领土，发展更是长期受阻。

◆沙皇俄国的建立

伊凡四世瓦西里耶维奇（1530—1584年），俄罗斯历史上第一位沙皇，又被称为伊凡雷帝，1533年至1547年为莫斯科大公，1547年至1584年为沙皇。

伊凡四世

伊凡四世是瓦西里三世与叶琳娜·格林斯卡娅之子。三岁即位，母亲暂时摄政，却苦于大贵族们的横暴。1547年加冕称沙皇，俄罗斯从此开始了对外的扩张政策。他得到封建领主阶级的支持，1549年设立了特别会议，编纂新法典，改革地方和中央的政治、行政、经济、军事，尤其是军事改革，使俄罗斯走向强大；打破了领主政体对沙皇的一切权力限制，而以前的大公权力很小，受领主们很多限制，伊凡四世消除了领主政体，建立沙皇专制政体，打击地方割据势力，统一俄罗斯；军事强大后，开始对外扩张。在1547至1552年的远征中灭亡了喀山汗国，1556年阿斯特拉罕汗国也被吞并。到1557年，西伯利亚汗国也臣服于伊凡，然后大诺盖汗国臣服于俄罗斯。伊凡四世时期，俄罗斯开始成为多民族国家。灭掉喀山汗国是俄罗斯历史上重大的转折点，标志着从此以后俄罗斯力量强于蒙古鞑靼人的力量，攻灭喀山改变了俄罗斯人与蒙古鞑靼人的力量对比；1572年粉碎克里木汗国。粉碎克里木意义重大，克里木汗国当时是奥斯曼土耳其之鞭，当时奥斯曼土耳其前进侵略的阴影笼罩着整个东欧，而粉碎克里木汗国使奥斯曼土耳奇统治俄罗斯及东欧再也不可能；打开了通往西伯利亚的道路。以英国船开辟北方航路为契机，伊凡开始探索通往西欧的近道。1558年发动立窝尼亚战争，试图向波罗的海扩张。由于邻近国家的介入和贵族的反对而受阻，使战争长期化，打了二十五年。虽然没有达到预期的目的，但是向欧洲展示了俄罗斯的国力。

“沙皇”，即“恺撒”的俄语发音，称号来自伊凡四世。早期俄罗斯人认为拜占庭帝国是罗马帝国的继承人，是宇宙的中心。俄罗斯大公是蒙古“沙皇”（即蒙古大汗）的大臣。强盛的蒙古帝国之金帐汗国的大汗娶了拜占庭的公主为皇后，但随着蒙古人的衰落，俄罗斯人不乐意再尊称蒙古大汗为沙皇了，但始终不敢正式自称沙皇。1547年，伊凡大帝发表了重要讲话，要亲政并正式自称沙皇。伊凡大帝的讲话令领主们听得目瞪口呆，他们发现伊凡四世的讲话是那么深思熟虑，与他16岁的年龄是不相称的，伊凡四世很早熟。于是伊凡大帝成了第一位沙皇，莫斯科公国改为沙皇俄国，又称俄罗斯。在伊凡四世之前，莫斯科的大公权力很小，受到领主们很多限制。伊凡四世打破了对沙皇的一切权力限制，领主政体改为沙皇专制政体。

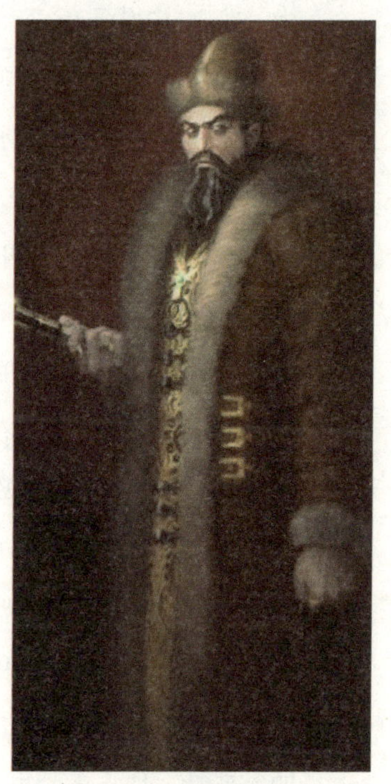

恐怖的伊凡四世

西方近代战争

◆三十年战争

三十年战争指的是17世纪上半叶，以德意志为主要战场的一次席卷欧洲的战争。战争基本上是以德意志新教诸侯和丹麦、瑞典、法国为一方，并得到荷兰、英国、俄国的支持；神圣罗马帝国皇帝、德意志天主教诸侯和西班牙为另一方，并得到教皇和波兰的支持。

整个战争大致分四个阶段：

（1）捷克－普法尔茨时期（1618—1624年）。掷出窗外事件发生后，捷克摆脱了哈布斯堡王朝的统治。1620年，神圣罗马帝国皇帝斐迪南二世（1619—1637年在位）依靠德意志天主教同盟军，入侵捷克。1620年底，捷克和普法尔茨联军在布拉格附近的白山为天主教同盟军所败，捷克重归奥地利统治。

（2）丹麦时期（1625—1629年）。神圣罗马帝国皇帝方面的胜利，引起外国参战。丹麦于1625年攻入帝国境内。捷克贵族A.W.E.von瓦伦斯坦率雇佣军协同蒂利打败丹麦军队。丹麦王国同帝国皇帝于1629年5月签订《吕贝克和约》，保证不再干涉德意志事务。

（3）瑞典时期（1630—1635年）。神圣罗马帝国皇帝和天主教同盟势力北进，促使瑞典加速军事行动，与法国结成同盟。瑞典国王古斯塔夫二世·阿道夫率军于1630年7月进入波美拉尼亚，同勃兰登堡选帝侯和萨克森选帝侯联合，在德意志西部和南部接连取胜。1634年皇帝联合西班牙打败瑞典军队，返回波罗的海沿岸。

（4）法兰西－瑞典时期

斐迪南二世

(1635—1648年)。瑞典军队战败，促使法国直接出兵，与瑞典联合对哈布斯堡王朝作战。1635年5月，法国又联合荷兰进入莱茵地区，瑞典军队在莱比锡附近的布赖滕费尔德取胜，并继续南进。法国军队大败西班牙军。1643—1645年，丹麦同瑞典开战，结果丹麦战败求和。此后法、瑞两国军队进入德意志南部。长期战争使双方都有极大的消耗，帝国方面的困难更为突出，被迫求和，战争结束。

三十年战争对近代欧洲国际社会的形成和发展具有极其重要的意义，重要表现在它彻底削弱了神圣罗马帝国，确认了欧洲主权国家体系的存在，同时还有力地促成了近代国际法体系的诞生。其特有的宗教特性以及所产生的民族国家特性，尤其是维斯特伐利亚条约的签署，使其被称为“最后一场宗教战争”和“第一场近代意义上的民族国家间的战争。”

瑞典国王古斯塔夫二世·阿道夫

◆七年战争

七年战争指的是1756—1763年，由欧洲主要国家组成的两大交战集团在欧洲、美洲、印度等广大地域和海域进行的争夺殖民地和领土的战争。1756年奥地利为夺回在奥地利王位继承战争中被普鲁士夺占的西里西亚，准备发动对普战争，便与法国结盟。俄国、萨克森、瑞典和西班牙先后参加，结成交战国的一方。英国为与法国争

七年战争

夺殖民地，需要普鲁士在欧洲牵制法国，遂率英王领地汉诺威选帝侯国，同普鲁士结盟，结成交战国的另一方；在欧洲，普鲁士在英国的援助下，派遣7万大军，于1756年8月进攻萨克森，旋败奥军，迫使萨克森投降。次年5月，俄军攻入东普鲁士，普军败绩。

1757年11月普军在罗斯巴赫打败法奥联军，继之在洛伊滕再败奥军，奥军损失2.2万人。1759年，俄奥联军在库纳斯多夫重创普军，普军损失惨重，投入的4.8万人，最后只剩下3000人。

七年战争之布拉格会战

同年英军突袭法国基伯龙湾，消灭大批法军。1760年10月俄奥联军占领柏林。1762年初俄国彼得三世（1762.1—1762.7在位）即位，同年5月与普媾和，退出反普联盟，战局改观。最后，普军击退法奥联军，取得胜利。1763年2月15日普鲁士、奥地利和萨克森签订《胡贝图斯堡条约》，欧洲战事结束。

与此同时，英法在美洲、印度等地继续争夺殖民地。在美洲，1759年英军占领魁北克。1760年法军占领蒙特利尔，完全征服加拿大。在印度1757年的普拉西战役中，英军打败亲法的孟加拉的那瓦布。到了1761年，英国完全取代法国，处于绝对优势。法国只保留几个贸易据点。在西非，英军占领塞内加尔的戈雷岛。在西印度群岛，英军击溃法西联军，占领马提尼克、格林纳达和圣卢西亚诸岛。1763年2月10日，法国被迫与英国签订《巴黎条约》，欧洲以外战事结束。七年战争是普鲁士走向强盛的转折点，也是英国建立海上霸权和殖民帝国的标志。

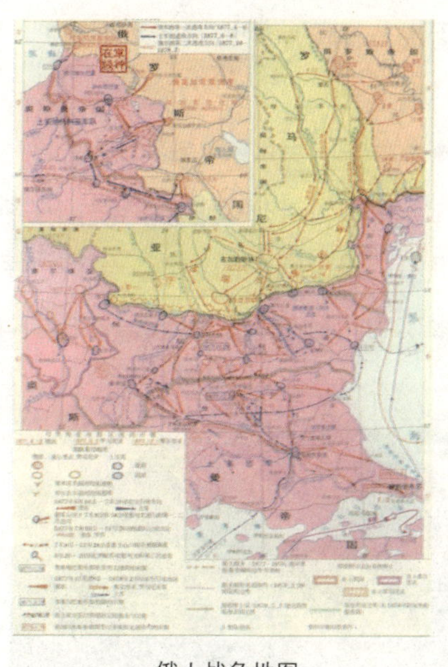
俄土战争地图

◆俄土战争

俄土战争是指17至19世纪俄国与奥斯曼土耳其之间为争夺高加索、巴尔干、克里米亚、黑海等进行的一系列战争，其中重要的战争有10次。此外双方在第一次世界大战中的交战通常也被认为是第11次俄土战争。俄土之间的战争断断续续前后共长达241年，平均不到19年就有一次较大规模的战争，是欧洲历史上最长的战争系列，奥地利、英国、法国、波兰、罗马尼亚、保加利亚等国也先后参与其中。战争的结果是俄国扩大了疆土，土耳其逐渐衰落。

这场战争，旨在结束奥斯曼帝国和克里木汗国对俄国的侵略，合并13世纪被蒙古人侵占的黑海北部沿岸地区，取得黑海出海口。这是俄国经济发展的需要。

从18世纪下半叶起，俄土战争的起因是：围绕东方问题的国际矛盾尖锐化；土耳其企图对乌克兰和黑海沿岸国进行报复，俄国依靠受奴役、信奉基督教的各族人民日益蓬勃开展的反对奥斯曼帝国压迫的民族解放运动的支持，力图在巴尔

干半岛和高加索巩固自己的势力。

◆1877——1878年战争

俄国经过1861年改革后，逐渐医治克里木战争的创伤，经济、军事实力得到恢复和加强。1877年4月，俄国利用巴尔干地区斯拉夫民族运动高涨之机对土宣战，出动40多万军队在巴尔干和高加索两个战场发起进攻。6月，俄军主力强渡多瑙河，经三次交战未能攻克战略要地普列夫纳。9月，俄军改用围困战法，在近4万罗马尼亚军队配合下，至12月迫使被围土军投降。随后，俄军在保加利亚军队支援下冒着严寒越过巴尔干山脉，以迂回包围战法击败土军，1878年1月4日攻占索菲亚，20日攻陷埃迪尔内，随后进逼伊斯坦布尔。由于英国干涉，俄军未能控制博斯普鲁斯海峡。31日，双方停火，3月3日签订《圣斯特凡诺和约》。俄国建立了受其保护的“大保加利亚国”，并获得大片土地和巨额赔款。俄国的得手引起欧洲列强不满。同年6~7月，柏林会议对和约做了修改，俄国仅得到克里木战争中失去的南比萨拉比亚以及巴统、卡尔斯等地。通过长达近两个世纪的战争，俄国扩大了疆域，其南部边界推进到普鲁特河、黑海、高加索山脉一线；奥斯曼帝国则更加衰败，成为列强宰割的对象。

圣斯特凡诺条约

◆拿破仑战争

18世纪后期，资本主义在欧洲大陆获得一定发展。但除荷兰外，各国仍处于封建统治下，尤其是法国的封建专制统治达到顶峰。1789年法国大革命爆发后，欧洲各君主国惊恐不安，奥、普率先出兵干涉。1793年，奥、普、英、荷、西、撒丁、那不勒斯等国结成第一

拿破仑·波拿巴

次反法联盟，出兵进攻法国，遭法国军民顽强抵抗。1797年，第一次反法联盟解体。1798年12月，英、俄、奥、葡、土耳其、那不勒斯等国组成第二次反法联盟。俄军进入意大利，打败法军。奥地利不仅夺回在意大利的领地，还企图入侵法国。英军对法各港口实施封锁，并一度在荷兰沿海地区登陆。虽然反法联盟因内部分裂导致俄军退出战斗，但法国仍面临大军压境、国内政局动荡的严峻局面。在此形势下，富有野心的拿破仑·波拿巴（1804年12月起称拿破仑一世）于1799年11月上台执政。从此，法国进入一个新时期，即拿破仑时期。在该时期法国与反法联盟进行的战争被称为拿破仑战争。

一个幅员辽阔的拿破仑帝国在连续不断的侵略战争中形成。拿破仑战胜第五次反法联盟后，法国直接或间接统治了欧洲大陆的大部地区。拿破仑帝国从原来88个省扩展到130个省，人口达7500万。欧洲大陆主要国家奥地利、普鲁士臣服于法国，俄国也委屈奉迎以求自保。拿破仑的声望和势力达到顶点。

为称霸欧陆，拿破仑以俄国破坏“大陆封锁”为由，于1812年6月24日入侵俄国。战争初期，法军拥有绝对优势，俄军被迫退却。但后来由于俄国军民坚壁清野，开展游击战。拿破仑的处境每况愈下，被迫向沙皇求和，遭拒绝。10月，法军冒着严寒撤退，俄军跟踪追击。11月26~28日，法军西渡别列津纳河时遭重创，几乎全军覆没。与此同时，法军在西班牙屡遭失败，被迫撤出马德里。拿破仑军队在俄国的失败，成为欧洲爆发反拿破仑民族起义的信号。1813年2月，俄、普结盟。英、西、葡、瑞、奥相继加

拿破仑战争

巴岛。拿破仑保留了“皇帝”的称号，可是他的领土只局限在那个小岛上。

拿破仑在1815年2月26日逃出小岛，率领1000人于3月1日回到法兰西共和国。本来被派来阻止他的法兰西共和国军队转

入，结成第六次反法联盟。拿破仑组建新“大军”迎击，5月经吕岑之战和包岑之战打败普俄联军。此后，拿破仑分兵据守易北河汉堡至德累斯顿一线各要塞。8月26~27日在德累斯顿会战中，法军虽取胜，但损失惨重。10月16~19日，双方进行莱比锡之战，萨克森军队倒戈加入联军，法军被击败，拿破仑率残部逃出战场。联军全力向巴黎推进，于30日迫使巴黎守军投降。4月13日拿破仑在巴黎枫丹白露宫签署退位诏书，此前两天拿破仑宣布无条件投降。拿破仑本人在退位后被流放到地中海上的一个小岛厄尔

而继续支持拿破仑。3月20日拿破仑回到巴黎，此时他已经拥有一个14万人的正规军和20万人的志愿军，路易十八逃跑，百日王朝开始。但是好景不长，欧洲各国迅速组成第七次反法同盟。1815年6月18日拿破仑的军队在比利时滑铁卢战役中全军覆没，7月15日他正式投降。法兰西第一帝国覆灭，路易十八再度复辟。拿破仑被流放圣赫勒拿岛，战争至此结束。

一个时代落幕了，拿破仑战争延续15年之久，其直接后果是反法联盟取得了胜利，封建王朝复辟，但它动摇了欧洲封建制度的基础，

唤起了欧洲民族觉醒，促进了欧洲资本主义发展，加速了欧洲的历史进程。

滑铁卢战役

◆普法战争

普法战争是普鲁士王国为了统一德国并与法国争夺欧洲大陆霸权而爆发的战争。但战争是由法国发动，战争后期，普鲁士将战争由自卫战争转化为侵略战争。最后以普鲁士大获全胜，建立德意志帝国而告终。

普鲁士为了统一德国，在1864年及1866年先后击败了丹麦及奥地利，但法国却仍然在幕后操控着南德意志诸邦，企图阻碍德国统一。

普法战争形势

为此，在普鲁士首相俾斯麦的策动下，以西班牙王位继承问题制造争端，令法皇拿破仑三世对普宣战，普鲁士借此团结德意志民族，进攻法国。

战争以法军在1870年8月2日于萨尔布吕肯地区向普军进攻为开端。但到了8月4日，普军已顺利击溃法军，进入反攻阶段。与此同时，法军在其余各战场相继失利，被逼退回国境，转入防御。至8月中旬，法军已被普军一分为二，一部由巴赞元帅的莱茵军团共17万人被普军包围于麦茨要塞；另一部由拿破仑三世和麦克马洪元帅率领的12万余人在8月30日与普军激战后被逼退守色当。在9月1日至2日，普法两军于色当进行决定性的大战——色当会战，法军战败。

普法战争

普法战争以法兰西第二帝国的垮台和法国资产阶级政府的投降而宣告结束。普法停战的和约法兰克福条约极其苛刻：规定法国割让阿尔萨斯和洛林予德国，并赔款50亿法郎。这也导致了法国3月18日巴黎无产阶级革命的爆发。而于1871年1月18日，普王威廉一世在凡尔赛宫的镜厅宣告建立德意志帝国，他本人成为首任皇帝。德国遂告统一。但德法两国于这次战争中的结怨，为日后的第一次世界大战的爆发埋下伏线。

美国参与的主要战争

◆美国独立战争

18世纪后半期，英国在大西洋岸建立了13个殖民地。每个殖民地都由英国派来的总督统治。这时的殖民地已经开发了大量的种植园，建立了纺织、炼铁、采矿等多种工业，经济比较繁荣。英国政府于1773年颁布《茶税法》企图垄断北美的茶叶生意。此举激起了殖民地人民的强烈反对。12月16日夜晚，“自由之子社”的部分成员登上三艘停泊在港口的英国运茶船，将船上343箱茶叶统统倒入大海。这就是有名的波士顿倾茶事件。1775年4月19日清晨，波士顿人民在莱克星顿上空打响了独立战争的第一枪，莱克星顿的枪声拉开了美国独立战争的序幕。

美国独立战争

1775—1778年为战争的第一阶

段，主战场在北部，英军占据优势。战争开始后，英军主动进攻，企图迅速扑灭殖民地的革命烈火。

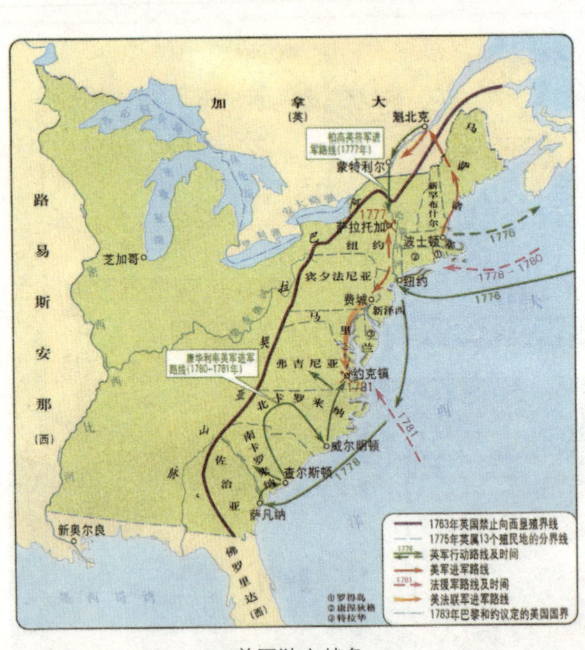

美国独立战争

其总的战略是：海军控制北美东部沿海，以陆军分别从加拿大和纽约南北对进，打通向普兰湖、哈得孙河谷一线，以孤立反英最坚决的新英格兰诸殖民地，然后将其他殖民地各个击破。大陆军因力量薄弱，除战争初期远征一次加拿大外，基本上处于守势，采取待机破敌，争取外援的方针。1775年5月，各殖民地民兵主动进攻，并围困波士顿。6月17日，殖民地民兵在波士顿外围邦克山战斗中首战告捷，歼灭英军1000人。1776年3月，威廉·豪指挥的英军被迫从波士顿撤至哈利法克斯待援。8月底，豪率英军3.2万人，在海军舰队配合下进攻纽约。华盛顿率1.9万人与英军打阵地战，结果损失惨重，被迫于11月率余部5000人撤往新泽西，英军占领纽约。当年圣诞节前夕和新年之夜，华盛顿利用英军疏于戒备之机，奇袭特伦顿和普林斯顿得手，俘敌近千人，士气大振。1777年夏，约翰·伯戈因率7000英军从加拿大南下，企图与豪会师。但豪未按计划北上，反而率军1.8万南下，于9月夺取了大陆会议的所在地费城。伯戈因孤军深入，行至萨拉托加地域时，遭到1.2万美军和游击队的围攻，5000英军被迫于10月

17日向美军投降。萨拉托加战役成了这场战争的转折点，促使法国、西班牙、荷兰先后对英宣战。形势的变化，迫使英军于1778年6月放弃费城，决心退守纽约。随之，北部战争便出现了僵持的局面。

1779—1781年为战争的第二阶段，主战场转到南部，美军以弱胜强。英军新任统帅克林顿上任后，利用南部“效忠派”较多和靠近西印度群岛的有利条件，调兵遣将，决心将英军主力转移到南部，企图对美南部诸州各个击破，并依托沿海基地和纽约遏制北部。北美大陆军则力图与法国陆海军配合，控制沿海基地，同时积极开展游击战，打破英军的计划。1778年底，英军攻取佐治亚州首府萨凡纳，揭开了在南方发动强大攻势的序幕。1779年秋，南方美军司令林肯会同德斯坦指挥的法国舰队进攻南部英军主要基地萨凡纳，受挫。1780年春，克林顿率领1.4万英军对查尔斯顿实施陆、海两面包围，迫使林肯部5000余人投降，并缴获军舰4艘，使美军遭受了整个战争中最大的一次损失。事后，克林顿率英军一部回师纽约，留下康沃利斯指挥7000英

美国独立战争中的黑森雇佣军

军控制南方陆地和沿海。这就为南部民兵游击队活动提供了方便。大陆会议委派格林为南方美军司令，偕同摩根到南方开展游击战，先后于1781年1月和3月，在考彭斯和吉尔福德等地大胜英军，迫使英军从内地向沿海撤退。同年8月，康沃利斯率南方英军主力退守弗吉尼亚半岛上的约克敦。10月19日，华盛顿统率美法联军16 000余人对约克敦实施围攻，歼灭英军主力7000余人，取得了这次战争的决定性胜利。约克敦战役胜利导致了英国内阁的倒台。1782年11月30日。英国新政府与美达成停战协议。次年9月3日，双方在巴黎签订和约，英国被迫承认美国独立。

美国独立战争是世界史上第一次大规模的殖民地争取民族独立的战争，它的胜利，给大英帝国的殖民体系打开了一个缺口，为殖民地民族解放战争树立了范例。独立战争又是一次资产阶级革命，它推翻了英国的殖民统治，创造了美利坚

萨拉托加大捷(正中为华盛顿)

南北战争

合众国，同时又铲除了殖民时期封建残余的长子继承法、续嗣限定法和代役税，奴隶制契约也基本上废除。从而解放了生产力，为美国资本主义的发展开辟了宽广的道路。正如列宁所说："现代的文明的美国的历史，是由一次伟大的、真正解放的、真正革命的战争开始的。"

◆南北战争

南北战争指的是1861年4月至1865年4月，美国南方与北方之间进行的战争，又称美国内战。北方领导战争的是资产阶级，战斗力量是广大工人、农民和黑人。在南方，坚持战争的只是种植场奴隶主，他们进行战争的目的是要把奴隶制度扩大到全国，北方目的则在于打败南方，以恢复全国统一。

南北战争的根本原因是南方的三十万奴隶主在新移民区扩张奴隶制度，威胁了自由州的存在和发展，侵犯了包括南方自由人民在内的联邦绝大多数人民的利益。南方州的战争目的不是从联邦中退出，而是要同北方州争夺边境州和其他未开垦地区的土地，要把奴隶制扩展到整个北美大陆。南方奴隶主的生存和发展驱使南方州对北方开战。北方州除了应战，没有其他选择。

林肯政府在内战初期进行战争的目的是恢复南北的统一，担心触动奴隶制度会把一些边境奴隶州推向南方叛乱者一方，从而失掉边境诸州这个重要的战略地区。由于北方政府不肯宣布解放奴隶。因此，在内战第一阶段，北方在军事上连

林肯总统

遭失败。1862年9月22日，林肯发表预备性的《解放黑人奴隶宣言》，宣布：假如在1863年1月1日以前南方叛乱者不放下武器，叛乱诸州的奴隶将从那一天起获得自由。消息传到南方后，成千上万的奴隶逃往北方。英国工人阶级也展开了支持北方的运动，迫使英国政府放弃了原来的干涉计划。1863年，北方在军事上出现转机。同年7月1日葛底斯堡大捷，歼灭南军2.8万人，成为内战的转折点。1865年4月9日，R.E.李的部队陷入北方军队的重围之中，被迫向格兰特请降。

北方在战争中的胜利，确立了北方大资产阶级在全国的统治地位。内战消灭了奴隶制，从而为美国的资本主义迅速发展扫清了道路。《宅地法》的实施，加速了西部的开发，促进农业资本主义发展中美国式道路的胜利。因而19世纪末美国一跃而成为世界上最先进

南北战争

的工农业资本主义大国。黑人在内战后的重建时期仍受到多方面的歧视和种植场主的剥削，但在政治上取得公民权及选举权，从奴隶枷锁下解放出来。因此，美国内战在美国历史发展中是具有划时代的进步意义的。南北战争是美国历史上第二次资产阶级革命，虽然伤亡人数超过60万，但较好的解决了公民的土地问题，发展了西部的荒地，发展后的西部的土地大部分成为了工业中心。南北战争也维护了国家统一，为美国资本主义的加速发展扫清了道路，并为美国跻身于世界强国之列奠定了基础。

◆美西战争

美西战争是1898年，美国为夺取西班牙属地古巴、波多黎各和菲律宾而发动的战争，是列强重新瓜分殖民地的第一次帝国主义战争。古巴和菲律宾群岛既有重要的经济价值，又是美国分别向南美洲和亚洲扩张的战略基地。新兴的美国拥有雄厚的经济、军事潜力，已建立起一支较强大的海军。西班牙早已

美西战争

衰落，在国际上陷于孤立。特别是古巴和菲律宾两地人民反对西班牙殖民统治的武装斗争，钳制着大量西班牙军队。西班牙军对古巴起义者的残酷镇压激怒了美国人民，并危及美国资本家在该地的经济利益。1898年2月15日，美国派往古巴护侨的军舰“缅因”号在哈瓦那港爆炸，美国遂以此事件为借口，于4月25日对西班牙采取军事行动。

战争以美国的胜利而告终。1898年12月10日，美西两国签订了《巴黎和约》。和约规定：西班牙承认古巴独立，将波多黎各、关岛和菲律宾转让美国；美国为获得菲律宾向西班牙交付2000万美元作为抵偿。美国在1899—1901年又向菲律宾起义军发动进攻，血腥镇压了菲律宾人民的反抗，把菲律宾变成了美国的殖民地。古巴虽然名义上获得了独立，但是美国利用《普拉特修正案》把古巴变成了美国的“保护国”。

美西战争作为第一次帝国主义

美西战争中的参战军舰

战争被载入史册。这场战争规模不大，时间不长，双方参战不超过5万人。在这场战争中，美军付出了5000人死亡的代价，但战死者不超过400人，多为伤病而死。美军是第一次去海外远征作战，战争胜负取决于海战。当美国海军分别在马尼拉湾和圣地亚哥湾歼灭西班牙分舰队后，战争大局就已决定。美国迅速战胜西班牙，还得力于古巴和菲律宾两国人民起义军的配合。这两国起义军均解放了大片国土，歼灭了大批西班牙军队，为美国的胜利作出了巨大贡献。这场战争大大助长了美国的侵略气焰。美国把加勒比海变成了“内湖”，在太平洋获得了重要的战略基地。此后，美国积极参与了列强对远东及太平洋地区霸权的角逐。

◆越南战争

越南战争（1961—1975年），简称越战，为新民主主义的越南民主共和国（北越）及“越南南方民族解放阵线”（所谓越共）反抗美国及其傀儡政权越南共和国（南越）的战争。越战是二战以后美国参战人数最多、影响最重大的战争，也是美国失败的一场战争（虽然美国政府自称是“光荣的撤退”）。越战是冷战中的“一次热战”，希望统一越南的南方反政府军“民族解放阵线”在北越领导人胡志明的支持下，反对南越吴庭艳政府。美国则出兵帮助南越。最开始扶植南越的美国总统是艾森豪威尔，肯尼迪开始支持在越南作战，约翰逊将战争扩大。在尼克松执政时期，美国因国内的反战浪潮，逐步将军队撤出越南。北越军和南越共军最终打败了南越政府军队，统一了越南全境。

越南战争

1959年，越共中央委员会决定武装统一越南，并派遣大量军事人员前往南越组织武装颠覆。1960年，越南南方民族解放阵线成立，它由反吴庭艳政府的各派组成，事实上由越共中央委员会控制。同年，“中苏论战”爆发，中国和苏联都需要在“国际共运”中树立自己的形象，因而都积极支持北越对南方进攻。

1964年7月31日，一艘在靠近北越领海的中立海域进行此种支援任务的美国驱逐舰马多克斯号遭到北越鱼雷艇袭击。8月4日，马多克斯号与TurnerJoy号往北航行时，后者被雷达讯号追踪并宣称受到攻击，两艘船随即采取应对措施。美国以轰炸北越海军基地作为报复。这就是著名的“东京湾事件（北部湾事件）”。东京湾事件是越战的重大分水岭。北越和美国双方都把它看作对方的蓄意攻击，并做出了强硬反应。北越越共游击队对多处美军基地进行了报复性攻击。1965年二月，美军在Pleiku的基地遭到攻击，美国空军随即发动第一次报复性打击。3月8日，3500名美国海军陆战队员在岘港登陆，成为第一

越南战争中坠毁的美军机

批进入战区的美军战斗人员。到了1966年8月，已有多达429 000名美军士兵驻守在越南。

1969年，尼克松成为美国总统，表示要推行“越南化”政策，让美军逐步撤出越南，并于当年6月撤出首批25 000名美军。但在美越谈判进行的同时，战争仍在继续。1972年3月，武元甲动员了几乎全部北越军事力量，发动了比1968年春节攻势更大规模的“复活节攻势”。尼克松下令美国B-52战略轰炸机对北越进行全面轰炸。北越的复活节攻势以失败告终，损失超过10万人。复活节攻势的失败，美国B-52战略轰炸的威力，以及急于同美国改善关系的苏联和中华人民共和国的压力迫使北越回到谈判桌前。1973年1月27日，参加“关于越南问题的巴黎会议”四方（越南、美国、越南南方共和临时革命政府、西贡政权）在巴黎正式签定了《关于在越南结束战争、恢复和平的协定》（即巴黎和平协约）。随后两个月内，美军全部撤出越南。

越南为自己的独立付出了巨大的代价，包括法越战争在内的30年战争中共造成了500万平民的死亡。到1975年越战结束时，战争给越南留下了一片满目疮痍的土地和88万孤儿、100万寡妇、20万残疾人、20万妓女。越战是美国历史上持续时间最长的战争。十多年的越战，美国耗费了至少2500亿美元。尽管军事上美国并未失败，但它表明了美国冷战策略上的重大失误。越战极大地改变了冷战的态势，美国由冷战中的强势一方变为弱势，面对苏联咄咄逼人的进攻，美国更积极

美国总统尼克松

的同中华人民共和国合作。越战加剧了美国国内的种族问题、民权问题，使国家处于极度的分裂状态，给美国人民造成巨大的精神创伤。

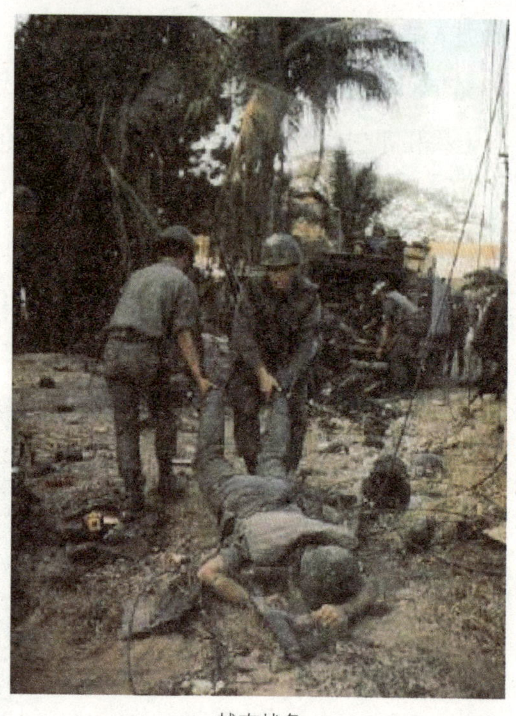
越南战争

◆海湾战争

海湾战争是1991年1月17日~2月28日，以美国为首的多国联盟在联合国安理会授权下，为恢复科威特领土完整而对伊拉克进行的战争。海湾战争是由伊拉克对科威特的入侵而引发的。历史上，由于种种原因，伊、科两国围绕主权和边界问题存有争端。80年代末，随着两伊战争的结束和世界两极体系的瓦解，伊、科争端又突出起来。

1990年8月2日凌晨1时（科威特时间），在经过周密准备之后，伊拉克共和国卫队三个师越过伊科边界，向科威特发起突然进攻。与此同时，一支特种作战部队从海上对科威特市实施直升机突击。拂晓时分，东西对进的两支部队开始攻打市内目标。科威特埃米尔贾比尔·萨巴赫仓促中携部分王室成员逃到附近美国军舰上。埃米尔的胞弟法赫德亲王在保卫王宫的战斗中阵亡。上午9时，伊军基本控制科威特市。下午4时，伊军占领了科威特全境。并将科威特划归其第19个省。伊拉克入侵科威特事件引起了全世界极大震惊。联合国先后多次通过反对伊拉克入侵科威特并对伊实施制裁的决议。8月7日凌晨2时

（美国东部时间），布什总统正式批准了“沙漠盾牌”行动计划。

1月17日凌晨，美军的空袭行动开始实施。整个空袭包括“沙漠风暴”计划四个作战阶段的前三个，美军称之为空中战局。1991年2月24日当地时间凌晨4时整，多国部队向伊军发起了大规模诸军兵种联合进攻，将海湾战争推向了最后阶段。28日晨，科威特城已全部被阿拉伯部队控制，多国部队也大多完成了各自任务。鉴此，布什总统下达了当日当地时间8时暂时停火的命令。

整个地面进攻历时100小时。暂时停火以后，伊拉克表示接受美国提出的停火条件和愿意履行联合国安理会历次通过的有关各项决议。在此基础上，联合国安理会于4月3日以12票赞成、1票反对、2票弃权通过了海湾正式停火决议，即687号决议。海湾战争至此宣告结束。

海湾战争

海湾战争是世界两极体系瓦解、冷战结束后的第一场大规模局部战争。它深刻地反映了世界在向新格局过渡时各种矛盾的变化，是这些矛盾局部激化的结果。它体现了人类社会生产力特别是科学技术的发展所引起的战争特征的革命性变化，主要是：武器装备建立在高度密集的技术基础之上；打击方式已不再以大规模毁伤为主，而是在破坏力相对降低的基础上突出打击的精确性；整个战争的范围与过程被视为一个完整的系统，战争的协同性和时间性空前突出。它也展示了新的作战手段和作战思想运用于战争而产生的作战样式的诸多新特点，主要包括：空中作战已成为一种独立作战样式；机动作战是进攻作战的基本方式；远程火力战是主要的交战手段；电子战是伴随“硬杀伤”所不可缺少的作战方式；夜战是一种富有新内涵的战斗方式。

海湾战争中的一角

◆科索沃战争

1999年2月6日，在美国和北约的压力下，塞尔维亚和科索沃阿族代表在巴黎附近的朗布依埃举行和平谈判，谈判的基础是美国特使希尔草拟的方案。该方案的主要内容是：尊重南联盟的领土完整，科索沃享有高度自治，南联盟军队撤出科索沃，

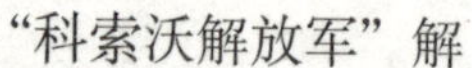

“科索沃解放军”解除武装，按当地居民人口比例组成新的警察部队维持治安，北约向科索沃派遣多国部队保障协议实施。这个方案对双方来说都难以接受，阿族坚持要最终走向独立，并且不愿解除武装，南联盟则不同意科索沃获得自治共和国的地位，亦反对北约部队进驻科索沃。3月19日，北约向南联盟发出最后通牒。3月24

科索沃战争

日，北约发动了对南联盟的空中打击，科索沃战争爆发。

科索沃战争以大规模空袭为作战方式，美国为首的北约凭借占绝对优势的空中力量和高技术武器，对南联盟的军事目标和基础设施进行了连续78天的轰炸，给南联盟造成了重大财产损失和环境破坏，也造成了许多无辜平民（包括阿族难民）的伤亡。1999年5月8日，北约战机用导弹悍然袭击了中国驻南联盟大使馆，导致3人死亡、多人受伤和馆舍的毁坏，制造了世界外交史上罕见的重大事件，严重侵犯了中国的主权，激起了中国人民的极大愤慨。北约的战争行动打着维护人权、制止“种族清洗”的旗号，实际上却以其非人道的行为导致了一

五星红旗冒着敌人的炮火飘扬在中国驻南使馆

场人道主义灾难。

在北约空袭的巨大压力下，经过俄罗斯、芬兰等国的斡旋调停，南联盟最终软化了立场。6月9日，北约代表和塞尔维亚代表在马其顿签署了关于南联盟军队撤出科索沃的具体安排协议，南联盟军队随即开始撤离科索沃。6月10日，北约正式宣布暂停对南联盟的空袭。历时两个半月的科索沃战争至此落下帷幕。

科索沃战争是20世纪末世界格局转型进程中的一个重要的阶段性标志。通过这场战争，美国及其西方盟国利用北约组织在推进欧洲地区的整合、实现其主导世界新格局的战略目标方面又迈进了一步。美国以欧洲为战略重心，以亚太和中东为两大侧翼，逐步构筑起由它主导的全球安全体系。显然，美国和西方联盟的战略及其实践对冷战后世界新格局的形成具有重大影响。从海湾战争开始，经过十年左右的动荡、调整，至科索沃战争，新格局的轮廓构架已露出端倪，美国作为惟一超级大国的霸权在其中的作

科索沃战争

用表现得相当明显。

◆伊拉克战争

2003年3月20日，以美国和英国为主的联合部队正式宣布对伊拉克开战。澳大利亚和波兰的军队也参与了此次联合军事行动。军事行动是在美国总统乔治·沃克·布什对伊拉克总统萨达姆·侯赛因所发出的要求他和他的儿子在48小时内离开伊拉克的最后通牒到期后开始的。

联合部队是由12万人的美军部队、45 000人的英军部队、2000多人的澳大利亚军队和200人的波兰军队所组成的，除此之外还有大约5万人的伊拉克反叛军。他们是通过驻扎在科威特的美军基地正式对伊发动军事打击的，并得到了海湾地区大量的空基和海基航空兵的支援。

接受审判时的萨达姆

美国第三步兵师从科威特西北方向的沙漠向巴格达挺进，伴随他们作战的还有美国第101空中突击师和第82空降师的若干部队。在另一个方向，伊拉克东南部方向，美国海军陆战队第一远征部队和英国远征军（包含第四和第七装甲旅组成的第一装甲师以及若干海军陆战队）则发动了钳形攻势以打开伊拉克的海运通道。在战争进行了两周后，美军又在伊拉克北部山区投入了173空降旅以及特种部队，并和当地的库尔德武装力量结成同盟，美国预期中的准备在北方投入的第4步兵师则由于土耳其议会的反对而未能在该地参加战斗。

战争爆发大约三个星期之后，美军顺利进入巴格达市区，途中并没有遇到任何顽强抵抗。伊拉克官员则突然消失，去向不明，大批伊拉克军队向美军投降。之后巴格达和巴斯拉等伊拉克城市纷纷陷入无政府状态，巴格达市内发生频繁的抢掠事件，城市秩序陷入混乱之中，巴格达博物馆遭到洗劫，上万件珍贵文物失踪，各地的大量古遗迹在战争中遭到破坏，有伊拉克民众批评美军并没有努力维持巴格达的市内安全。

伊拉克战争的硝烟渐渐散去，“倒萨控伊”的目标似乎已经达到，但是美国政府很快发现，他们有可能被拖入了一场旷日持久的游击战中。从布什总统宣布在伊拉克的大规模军事行动结束到现在，伊拉克的局势并没有想象的那样趋于稳定，而是越发混乱不堪。越来越复杂的战争形势和巨额的军费开支，让美国政府渐渐感到力不从心，也使全球经济蒙上了一层不确定的阴影。

伊拉克战争

中国古代战争

◆秦统一六国

自公元前230年至前221年，秦始皇采取远交近攻、分化离间的策略，发动秦灭六国之战。先后于秦始皇十七年（前230年）灭韩、十九年（前228年）灭赵、二十二年（前225年）灭魏、二十四年（前223年）灭楚、二十五年（前222年）灭燕、二十六年（前221年）灭齐。终于建立了中国历史上第一个统一的、多民族的、专制主义中央集权制国家——秦帝国，也是中国封建制王朝的开始。

秦王政首先选择的攻击目标为赵国。因为，赵国的实力在六国中最强，是秦国走向统一道路的最大障碍。但是，赵国还没有到不堪一击的地步。秦军屡次进攻赵国均被赵国击退。在用主力进攻赵国的同时，秦对韩采取扶植亲秦势力以逐步肢解的策略。公元前231年，韩国南阳郡“假守”（即代理郡守）

秦始皇

腾，向秦献出他所管辖的属地。腾被秦王政任命为内史，后又派他率军进攻韩国。腾对韩国了如指掌，所以进展顺利，于公元前230年（秦王政十七年）俘获韩王安。韩国灭亡。

公元前229年，秦利用赵国发生大地震和大灾荒的机会，又派王翦领兵攻赵。赵国派李牧、司马尚率兵抵御，双方相持了一年。在紧要关头，秦国使出杀手锏——离间计。王翦用重金收买了赵王的宠臣郭开，要他散布李牧、司马尚企图谋反的流言。赵王轻信谣言，派人替代李牧。李牧在大敌当前的形势下据不让出兵权，赵王竟暗地派人逮捕李牧并处死了他，同时还杀掉了司马尚。杀死李牧，无疑为秦军亡赵扫清了道路。此后，秦军如入无人之境，攻城略地，痛击赵军。公元前228年（秦王政十九年），秦军攻破邯郸，这座名城落入秦国之手。不久，出逃的赵王迁被迫献出赵国的地图降秦。赵国实际上已经灭亡了，但是公子嘉却带着一伙人逃到代郡（今河北蔚县），自立为王。后秦军在公元前222年灭燕国之后将其俘虏。至此，秦最终统一了北方。

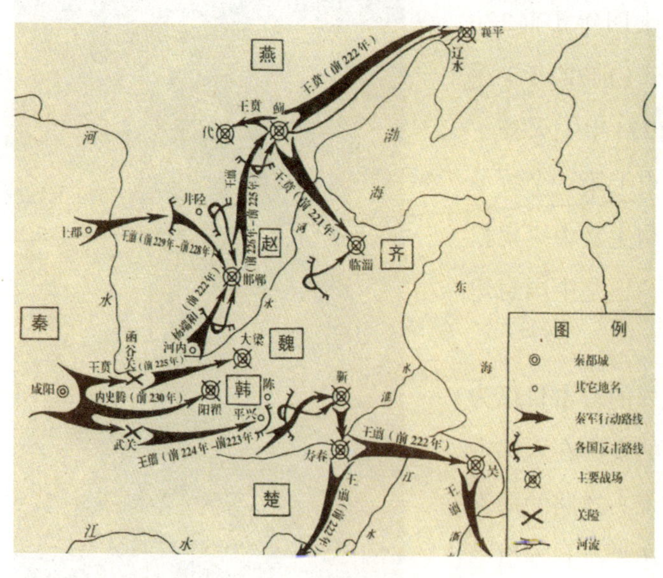

秦灭六国示意图

公元前231年，魏景湣王迫于秦国的强大威力，主动向秦进献出丽邑，以求缓兵。此时，秦王政正调集兵力准备向赵国发起总攻，不想分散兵力攻魏，就接受了献地。这使得魏国又维持了数年残局。公元前225年（秦王政二十二年），就在秦军主力南下攻楚的当口，秦王政派出年轻将领王贲，率军围攻魏都大梁（今河南开封）。魏军紧闭城门，坚守不出。由于大梁城防经过多年修建，异常坚固，秦军强攻不下。王贲想出了水攻的办法。秦军大批士卒被安排去挖掘渠道，将黄河、鸿沟的水引来，灌注到大梁。3个月后，大梁的城墙壁垒全被浸坍，魏王假只得投降。魏国灭亡了。

南方大国楚国，疆域辽阔，山林茂密，物产丰富，号称拥有甲士百万。但是，楚国的内政一直不振，总是贵族争权夺利，这种状况到战国末期尤为严重。公元前226年，秦王政不失时机地从北方伐燕前线抽调秦军，南下攻楚，连续夺得楚国10余个城池。公元前224年，秦国与楚国的决战就要开始了。秦王政先派年轻将领李信率20万秦军攻楚，被楚军击败。后又派大将王翦率60万秦军攻楚。王翦入楚境后，并未马上发动攻势。他总结了李信轻敌冒进的教训，采取屯兵练武，坚壁不出，麻痹敌人，以逸待劳的战略。秦军一举打垮了楚军的主力，接着，秦军攻占楚都寿春（今安徽寿县），俘虏了楚王负刍，楚国灭亡，时为公元前223年（秦王政二十四年）。

在灭赵的过程中，秦国大军已兵临燕国边境。燕国君喜惶惶不可终日，眼见秦国扫平三晋，就要向自己杀来，却无计可施。燕太子丹最终想出了孤注一掷的暗杀行动，

秦灭六国形势图

即历史上有名的荆轲刺秦王，时值公元前227年。刺杀行动最终失败，但是秦王政差一点死于荆轲的匕首下，他深恨燕国，立即增兵大举进攻。公元前226年，秦军攻下燕都蓟（今北京市），燕王喜与太子丹逃亡辽东郡。秦将李信率领秦军数千人，穷追太子丹至衍水。太子丹因潜伏于水中幸免于难。后来，燕王喜经过权衡利害关系，派人将太子丹杀掉，将其首级献给秦国，想以此求得休战，保住燕国不亡。燕王喜逃到辽东以后，秦军主力就调往南线进攻楚国。公元前222年（秦王政二十五年），王贲奉命攻伐燕国在辽东的残余势力，俘获燕王喜，燕国彻底灭亡。

公元前221年（秦王政二十六年），秦王政命令王贲挥戈南下，攻打东方六国中的最后一个：齐国。从春秋到战国中期，齐是山东诸国中比较强大的一个。但是，公元前284年燕、赵、韩、魏、楚五国攻齐，尤其是燕将乐毅横扫齐国，令齐国差点亡国，之后，齐国一直没有复强。而且，此时的齐王建是个无能之辈。王贲南下伐齐，几乎就没有遇到过什么抵抗。王贲率军长驱直入，来到临淄，齐王建与后胜马上向秦不战而降。齐国灭亡。至此，秦国走完了削平群雄、统一六国的最后一程。

◆楚汉相争

公元前209年爆发的中国历史上第一次农民起义，在陈胜、吴广牺牲后，就是由项羽和刘邦继续领导农民起义战争。公元前207年，项羽以少胜多，在巨鹿大败秦军主力。公元前206年，刘邦率领的起义军攻占咸阳，秦朝被农民革命力量所推翻。秦朝灭亡后，自公元前206年开始，刘邦和项羽之间为了争做皇帝而展开了将近四年的战争，称为“楚汉

汉高祖刘邦

相争”。楚汉之争处于中国重新走向统一封建王权的过渡时期。

刘邦攻占咸阳后，曾经约法三章：“杀人者死，伤人及盗抵罪”，因而深得人心。但是刘邦先入关中引起了项羽的愤怒，率军攻破函谷关，攻打咸阳。公元前206年12月，项羽军队40万驻扎新丰（今陕西临潼县东北）鸿门（今临潼县东项王营）。当时只有军队10万人的刘邦，赴“鸿门宴”拜会项羽，表示恭顺。“鸿门宴”后，项羽带兵进入咸阳，自立为西楚霸王，定都彭城，封刘邦为汉王，居巴蜀汉中。

与项羽的任人惟亲相反，处于汉中的刘邦，注重招揽人才。他采纳萧何的策略，将巴蜀治理得井井有条，成为巩固的后方根据地。公元前206年，刘邦出兵攻打彭城，楚汉战争正式爆发。公元前206年至公元前202年，刘项之间激战5年，相持不下，双方暂时议和，以鸿沟（今河南贾鲁河）为界，河东属于楚，河西属于汉，以保持“中分天下”的局面。

公元前203年底，楚汉重新开战。羽毛丰满、兵力强大的刘邦集合众将，将项羽重重包围于垓下（今安徽灵璧县东南），弹尽粮绝、四面楚歌的项羽“无颜面对江东父老”，在乌江拔剑自刎。公元前202年6月，楚汉之争以刘邦的胜利而结束，重新归于统一的中国建立了西汉王朝。

◆靖康之变

宋徽宗时期，也就是12世纪初，北宋王朝日趋衰落。东北女真族却日益强大。女真完颜部的阿骨打作酋长时，兵强马壮。公元1115年，阿骨打建立金国。金政权在灭辽之后即将北宋作为下一个目标移兵南下攻宋，以求统一天下。当时北宋王朝已经积弊重重，政治腐朽，军事衰弱。1120年北宋曾与新建立的金签定“海上之盟”商定两家共同灭辽共分辽疆土，然北宋腐败军力极虚弱几无战斗力可言，北宋30万大军虽然进攻的仅是辽军残

金军劫掠后北上的凄惨场面

部却惨败而归，最终也未能夺取辽朝尺寸之地，反而使金朝摸清了北宋的底细。

靖康元年（公元1126年），金军仅以4万人南下，一路锋芒如入无人之境，连破北宋27州，兵锋直指宋都汴梁，黄河北岸宋地皆陷没。北宋朝廷本想借黄河天险以御金兵，但戍守黄河南岸诸部宋军久已虚缺，偶有在营兵卒也多为懒散之徒根本不能作战，当时宋军虽烧毁黄河浮桥，但两岸渡船均因部属渎职拖延而未能彻底收缴，金军在北岸仅用数日便汇集了足够渡船，于十月丁卯强渡黄河，北宋守军见金兵至皆不战而溃四散奔逃，次日金军兵不血刃占据汴梁以北军事重地仲牟驿，北宋朝中上至光地下至小吏尽惊慌失措方寸大乱，主和派趁机大作声势，举朝皆投降之声。

金军围困汴梁一月有余，在尚未攻破东京的情况下，北宋皇室已经准备投降，开封下级军民却坚决要求抵抗，30万人决心参战。钦宗竟然亲自到金营求降，卑躬屈膝地献上降表，还下令各路勤王兵停止向开封进发，甚至镇压自发组织起来准备抵抗的军民。金军于是肆无忌惮地大肆搜刮，开封平民遭受了巨大灾难。第二年2月，金军废宋徽宗、宋钦宗人，另立原宋朝宰相张邦昌为伪楚皇帝。4月，金军将俘虏的两位皇帝以及后妃、皇子、宗室、贵戚等3000多人，联同大量宝玺、舆服、法物、礼器、浑天仪等开始北撤。宋朝在历史上留下了这奇耻大辱的“靖康之变”。

◆土木堡之变

明正统十四年（1449年）2月，蒙古族瓦剌部落首领也先遣使2000余人贡马，向明朝政府邀赏，由于宦官王振不肯多给赏赐，并减去马价的五分之四，没能满足他们的要求，就制造衅端。遂于这年七月，统率各部，分四路大举向内地骚扰。东路，由脱脱不花与兀良哈部攻辽东；西路，派别将进攻甘州（甘肃张掖）；中路为进攻的重点，又分为两支，一支由阿剌知院所统率，直攻宣府围赤城，另一支由也先亲率进攻大同。也先进攻大同的一路，“兵锋甚锐，大同兵失利，塞外城堡，所至陷没”（《明史纪事本末》卷32《土木之变》）。

大同参将吴浩战死于猫儿庄。大同前线的败报不断传到北京，明英宗朱祁镇在王振的煽惑与挟持下，准备亲征。兵部尚书邝埜和侍郎于谦“力言六师不宜轻出”，吏部尚书王直率群臣上疏劝谏，但英宗偏信王振，一意孤行，执意亲征。7月16日，英宗和王振率50余万大军从北京出发，由于组织不当，一切军政事务皆由王振专断，随征的文武大臣却不使参预军政事务，军内自相惊乱。19日出居庸关，过怀来，至宣府。8月1日，明军进到大同。也先为诱明军深入，主动北撤。王振看到瓦剌军北撤，仍坚持北进，后闻前方惨败，则惊慌撤退。本欲使英宗于退兵时经过其家乡蔚州“驾幸其第”，显示威风；又怕大军损坏他的田园庄稼，故行军路线屡变。至宣

明英宗

府，瓦剌大队追兵追袭而来，明军3万骑兵被“杀掠殆尽”。13日，狼狈逃到土木堡，瓦剌军已紧逼明军。土木堡地高无水，将士饥渴疲劳，仓猝应战。瓦剌军四面围攻，骑兵蹂阵而入，挥长刀砍杀明军，“大呼解甲投刀者不杀”。于是明军士兵“裸袒相蹈藉死，蔽野塞川。”朱祁镇与亲兵乘车突围，不得出，被俘。随征大军几乎全部战死，王振被护卫将军樊忠以棰棰死。明50万大军，“死伤过半”。这次战役，明史上称为“土木之变”。这次大败影响深远，成为明王朝由初期进入中期的转折点。

中国近现代战争

◆鸦片战争

1840年（道光二十年），英国侵略者向古老封建的中国发动了一次侵略战争。由于这次战争是英国强行向中国倾销鸦片引起的，所以历史上叫做鸦片战争。

林则徐画像

1838年（道光十八年11月）林则徐被任命为钦差大臣，赴广东查禁鸦片。林则徐1839年3月抵达广州，随即开展禁烟，严查烟贩，整顿水师，晓谕外商呈交鸦片。同年6月3日，在虎门海滩当众销毁两万余箱（200多万斤）鸦片（他把鸦片放在水中泡了七七四十九天，然后把它烧毁，这样鸦片才会彻底被销毁否则还是能吸的）。中国的禁烟措施，遭遇英国政府的强烈反对。1840年6月（道光二十年夏），由48艘舰船（海军战舰16艘；东印度公司武装汽船4艘；运兵船1艘；运输船27艘）和陆军4000人（爱尔兰皇家陆军第十八团；苏格兰步兵第二十六团；步兵第四十九团）、海军两三千人组成的英国远征军封锁了广州珠江口，鸦片战争爆发。

清军武备废弛、敌情不明、指挥紊乱，因此屡战屡败。至1842年（道光二十二年），英军攻陷镇江，切断京杭大运河南北交通，继而直抵南京城下。清政府已无力再战。1842年7月24日，清政府在英军的炮口下，被迫签定了丧权辱国的《南京条约》。这是清政府第一份不平等条约，严重损害了中国的主权。条约规定中国割让香港，赔偿2100万西班牙银元，广州、厦门、福州、宁波、上海五个口岸城市对外通商，此外英国还享有协议关税，而由于清政府官员长期以天朝自居，不熟悉国际关系，在随后的

虎门销烟

《南京条约》两个补充文件谈判中遭受了进一步的利益损失：《五口通商章程》和《虎门条约》的签订使英国得到了领事裁判权，片面最优惠国待遇和开设租界等特权。

鸦片战争是中国军民抗击西方资本主义列强入侵的第一次战争，广大官兵英勇抗战，表现出崇高的爱国主义精神。但是，由于清廷和战不定，决策多变，将帅不善指挥，战法呆板，加之武器装备落后，终为英军所败。鸦片战争的实践表明，落后的封建军队已不能战胜初步近代化的资本主义军队。鸦片战争后，中国开始走向半殖民地半封建社会。

◆甲午战争

甲午中日战争指的是1894年—1895年日本侵略中国和朝鲜的战争，1894年（光绪二十年）爆发，按中国干支纪年，时年为甲午年，故称甲午战争。

从中法战争结束到甲午战争爆发的九年，是中国在19世纪下半叶一段最好的时期。在此期间，国内无大乱，远东的国际环境缓和，中国与西方各国都处于和平状态。以

福建马尾船政

中日甲午战争

"富国强兵"为目标的洋务运动，历经30年，效果明显。主要表现在：左宗棠收复新疆之战的胜利；冯子材在镇南关及谅山之役中大败法军；刘永福的黑旗军屡创法军；以及日本兵配合朝鲜开化党人制造政变遭到失败等。当时中国的国势并不比日本弱。英国权威人士评论说："亚洲现在是在三大强国的手中——俄国、英国和中国。"19世纪下半叶中国共进行了五次对外战争，中法和约是唯一一个没有割地赔款的和约。应该说当时的环境对中国的自强相当有利。

甲午战争前，远东地区基本是俄、英争霸，中国和日本的情况虽有不同，但都受到不平等条约的制约。甲午战争的胜利，使日本一跃成为亚洲强国，完全摆脱了半殖民地的地位。而中国的国际地位则一落千丈，财富大量流出，国势颓微。甲午战争的失败，对中国社会的震动之大，前所未有。一向被中国看不起的"倭寇"竟全歼北洋水师，索得巨款，割走国土。朝野上下，由此自信心丧失殆尽。清政府的独立财政至此破产，靠向西方大国举债度日。

甲午一战，日本成为亚洲的暴发户。战争赔款3亿3000万两库平银；舰艇等战利品价值也有1亿多日元。而当时日本政府的年度财政收入只有8000万日元。当时的日本外务大臣高兴地说："在这笔赔款以前，根本没有料到会有好几亿元。所以，一想到现在有3亿5000万元滚滚而来，无论政府还是私人都顿觉无比的富裕。”日本占领朝鲜、台湾后，在战略上对东北、华东构成了直接威胁，成为进攻中国大陆的跳板。日本第一次尝到了侵略的甜头，极大地刺激了他们侵略领土的欲望。

◆抗日战争

中国抗日战争作为世界反法西斯战争的一部分，为世界反法西斯战争的胜利作出了巨大的民族牺牲和重要的历史贡献。

1931年9月18日，日本发动九一八事变，占领了中国的东北三省，并在当地设立了一个傀儡："满洲国"，将清朝的末代皇帝溥仪安插为满洲国的皇帝。因为中华民国不承认满洲国的合法性，所以称之为"伪满洲国"。

1936年12月12日，张学良和杨虎城发动了西安事变，在西安扣留了蒋介石，迫使其"停止内战，联共抗日"，蒋介石被迫接受。日本军队于1937年7月7日制造卢沟桥事件，导致中日战争（抗日战争）全面爆发。

西安事变旧址

七七事变后，建立了国民党、共产党合作抗日民族统一战线，蒋介石积极部署和指挥中国军队开赴华北和淞沪前线，抗御日本侵略军，他先后指挥了淞沪会战、太原会战、徐州会战、武汉会战等重大战役。至1938年10月，使日军伤亡45万余人，粉碎了日本帝国主义妄图速战速决、迅速灭亡中国的战略计划。蒋介石在政治民主化方面作出一些许诺，释放政治犯，召开国民参政会等，全国一时出现一片团结抗日的新气象。但由于蒋介石实行片面抗战路线和单纯军事防御的战略战术，又幻想并等待国际“调停”制止日本侵略，因而不能抵御占有很大优势的日本侵略军，华北、东南和华中大片国土相继沦陷。

中国抗日战争

1941年12月太平洋战争爆发后，蒋介石积极开展外交活动，与美、英同盟，任中国战区最高统帅，得到了美国的物资和财政援助。他派中国远征军去缅甸，与英美联军联合作战，打通了中印公路。美、英为了联合中国共同抗击日本，许诺废除不平等条约所规定的在华特权，签订了中美、中英“新约”。1943年11月，蒋介石出席开罗会议，与美国总统罗斯福、英国首相邱吉尔会谈对日联合作战方略及战后和平条件。1945年6月派宋子文等去苏联会谈，8月两国签署了《中苏友好同盟条约》及有关协定。

◆解放战争

解放战争，亦即第二次国共内战（中国共产党称之为“解放战争”，也称“第三次国内革命战争”；中国国民党称之为“抗共卫国勘乱战争”），是20世纪中叶在中国境内发生的中国共产党军队（第一次内战为红军，第二次为解放军）与中国国民党军队之间的一场长期战争，也是近现代世界历史中规模最大一场内战之一。此次战争的结果是中国共产党推翻了中国国民党在中国大陆的统治，并于1949年10月1日在北京宣布中华人民共和国成立；而由中国国民党领导的中华民国政府则迁往台湾，至此形成台湾海峡两岸直至今日的长期分治及对立。

解放战争

抗日战争胜利以后，蒋介石凭借军事上的优势，出动160多万军队，向解放区发动全面进攻。毛泽东洞察形势，以大无畏的革命胆略，未被国民党汹汹气势所吓倒，与国民党反动派针锋相对、坚决斗争，并且提出人民解放战争分为防御阶段、进攻阶段、决战阶段等三个阶段的理论。在解放战争的第一个年头，以防御为主，歼灭国民党军队正规军98个旅78万余人，粉碎了国民党的全面和重点进攻。接着又以大无畏的革命胆略敢于斗争、敢于反攻，开始了战略反攻阶段。

人民解放军遵照毛泽东同志的战略部署，刘邓大军强渡黄河，挺进大别山；太岳兵团强渡黄河，挺进豫西地区；华东野战军挺进鲁西南，三支大军打到国民党区域，转入外线作战，拉开了战略反攻的序幕。1948年5月26日，毛泽东从阜平县城南庄移驻西柏坡后，运筹帷幄，在国民党军队数量上占优势的形势下，敢于战略决战，组织了震惊中外的辽沈、淮海、平津三大战役。

1949年元旦，毛泽东发表元旦

伟大的人民解放战争

献辞“将革命进行到底”，旗帜鲜明地提出“敌人不会自动消灭”，告诫人们不要象寓言中的农夫可怜冻僵的毒蛇，而要“坚决地主张彻底消灭反动势力，彻底发展革命势力”，“建立人民民主共和国”，把伟大的人民解放战争进行到底。当国民党政府拒绝了和谈协定以后，毛泽东、朱德于4月21日向全军发布了“向全国进军的命令”，“奋勇前进，坚决、彻底、干净、全部地消灭中国境内一切敢于抵抗的国民党反动派，解放全中国、保卫中国的主权独立和领土完整”。中国人民解放军奋勇追歼国民党残敌，至1949年12月，解放了除西藏以外的中国大陆，把胜利推向全中国。纵观整个解放战争的历史，每个战略阶段、每次战略决策，全都体现了敢于斗争、敢于胜利的大无畏革命精神。

其他地区战争

◆ 日俄战争

日俄战争是指1904—1905年间（清朝光绪三十年至三十一年），日本与沙皇俄国为了侵占中国东北和朝鲜，在中国东北的土地上进行的一场帝国主义战争。

1900年，中国爆发义和团运动，沙俄乘机出兵占领东北全境，企图将其据为己有，遭到中国人民的坚决反对和世界舆论的指责。日本借机与英国订立反俄军事同盟，要求俄国撤出在中国东北的占领军，双方谈判没有结果。日本依仗英国的军事支持和英美等国的经济援助，于1904年2月8日派遣海军偷袭停泊在旅顺港外的沙俄太平洋舰队，并击沉在朝鲜仁

日俄战争中的士兵

川的俄国军舰。日俄两国遂于2月10日同时宣战。

1904年8月，日军在总司令官大山岩指挥下，一、二、四军会攻辽阳。俄守军16万人，凭借重炮和强固工事，重创日本二、四军。日第一军渡太子河包抄俄军，俄军统帅库罗巴特金担心被围，命令全军后撤。辽阳战役中，日军的人数、装备均居劣势，伤亡也超过俄军，因俄军指挥失误，日军反取得重大胜利。

1905年1月1日，经几个月的围攻，在双方均遭极大伤亡后，旅顺俄军投降。乃木遂率第三军移师北上，参加奉天（今沈阳）会战。交战双方兵力约60万人，俄国33万，日本27万。2月23日，日军声东击西，率先进攻俄军左翼，俄军急调右翼兵力增强左翼，乃木率军立即向俄军右翼迂回前进，进攻得手后，于3月4日接近奉天以北铁路

日俄战争时的宣传漫画

线，同时，日军又在俄军左翼加紧进攻，形成对俄军大包围的形势。3月10日，俄军被迫后撤，日军占领奉天，并乘胜进据铁岭、开原。俄军退至四平街，直至战争结束。5月27日至28日，远道赶来增援的俄国波罗的海舰队在对马海峡同东乡平八郎率领的日本联合舰队进行了大规模海战（对马海战），俄国舰队几乎全军覆没。随后日军又占领了库页岛的一部分。至此，大规模军事行动停止。

当时俄国因国内爆发俄国1905年革命，无心再战；日本由于战争消耗，已筋疲力尽，也急欲结束战争。美国担心日本过分强大，就从中调停。1905年9月5日，日俄两国在美国签订了《朴次茅斯和约》，背着中国，擅自在中国东北划分“势力范围”。1905年12月，在日本的压力下，清朝政府与日本签订了《中日会议东三省事宜条约》，除了接受日、俄《朴次茅斯和约》中的所有规定外，还额外给日本以某些权益。

◆拉丁美洲独立战争

拉丁美洲独立战争是指1810—1826年，西属美洲人民反对西班牙统治的解放战争。1810年4月19日，加拉加斯（委内瑞拉）爆发起义；5月25日，布宜诺斯艾利斯（阿根廷）爆发起义；7月20日，波哥大（新格兰纳达区）爆发起义；9月16日到18日，多洛雷斯（新西班牙区）和圣地亚哥（智利区）也相继爆发起义。这些起义导致西班牙殖民制度的灭亡，宣告了独立战争的开始。

1811年，委内瑞拉（独立后成立了委内瑞拉第一共和国）、巴拉圭相继宣布独立，组成了新格兰纳达联合省代表会议。1813年，墨西哥宣布独立。由于殖民地领土相互隔绝，所以西班牙殖民者得以在联系不密切的各个起义中心逐步恢复其统治。至1815年底，除拉普拉塔区外，西班牙终于将各地的起义全部镇压了下去。导致起义失败的另一原因是，反西班牙阵营内部存在尖锐的社会矛盾。解放运动的许多领导人（如伊达尔戈、摩勒罗斯等）被杀害，少数移居国外。不过，西班牙殖民者只是暂时得势。到1816年，解放运动再次出现高潮，卓有才华的军事将领与政治活动家玻利瓦尔和圣马丁在这方面起了很大作用。玻利瓦尔建立的解放军在1817年至1818年间解放委内瑞拉大部分领土，1819年解放新格兰纳达，1882年又解放基多（今厄瓜多尔），彻底击溃了西班牙殖民军，在上述已获解放的土地上成立了大哥伦比亚独立联邦共和国。

拉丁美洲独立战争

在西班牙殖民统治一直未能恢复的美洲大陆南部，拉普拉塔各联合省宣布独立（1816年）。随后，爱国者的队伍在圣马丁率领下，从拉普拉塔出发，经过极其艰苦的行军，

玻利瓦尔

越过安第斯山脉，先后解放了智利（1818年）和秘鲁部分领土（1821年）。1822年，圣马丁退出政治军事活动，玻利瓦尔遂担任秘鲁解放斗争的领袖。玻利瓦尔军接连挫败西班牙军，并于1824年12月9日在阿亚库巧附近击溃了敌人最后一个庞大的军队集团（参见阿亚库巧战役）。从1825年起，上秘鲁改称为玻利维亚以纪念玻利瓦尔。1821年，墨西哥及中美各国宣布独立。1823年，中美洲各国宣布成立中美洲联合省。在东海岸（乌拉圭），爱国志士为反对西班牙殖民者和后来的葡萄牙侵略者进行了长期的斗争。1826年初，西班牙最后一批守备部队宣告投降。至此，美洲的西班牙殖民地除古巴和波多黎各以外都获得了政治上的独立。

在这次战争过程中，人民解放运动的部队常常打败数量和装备上大大超过自己的强大敌人，赢得重大胜利。骑兵在草原地区的作战尤其卓著有成效。起义者的炮兵很少，往往靠冷兵器作战，所以战斗极为残酷，常常进行白刃格斗。解放战争还消灭了许多封建残余，在大多数宣布独立的国家中废除了奴

拉丁美洲独立战争

隶制，确立了共和制。只不过，这次牺牲了100多万人生命的战争并没有从根本上改变拉丁美洲国家的社会经济结构。

◆印度民族起义

印度民族起义是指19世纪中期印度封建主领导的、以印度雇佣兵为骨干的反抗英国殖民统治和争取民族独立的起义，又称印度雇佣军兵变、土兵起义。19世纪上半期，印度完全沦为英国的殖民地。英国极力想把印度变成商品销售市场和原料产地，激起印度农民和手工业者的极大仇恨，而且英国在印度实行兼并封建主领地的政策引起许多王公的不满。1849年英国吞并旁遮普以后，取消20万印度雇佣兵的特权，又使印度雇佣兵十分气愤。

早在1856年，印度教徒和伊斯兰教徒就在广大城乡进行各种形式的反英宣传。从1857年2月到4月，军队哗变事件不断发生。5月11日，起义者进入德里，拥立莫卧儿皇帝巴哈杜尔·沙二世为印度皇帝，成立了领导机构——由10人组成的行政院。起义者占领古都德里，激发了各地起义的迅速发展。

印度民族起义

年轻的詹西女王拉克希米·巴伊于6月领导人民起义。起义波及北印度和中印度广大地区，中心是德里、坎普尔、勒克瑙。从6月上旬到9

月中旬，起义者进行了英勇的德里保卫战。7月初，巴雷利起义领袖巴克德·汗到达德里，被任命为德里起义军总司令。但巴哈杜尔·沙二世周围的封建贵族反对巴克德·汗，致使起义军失去统一指挥。9月中旬，在血战6天之后，德里陷落。巴克德·汗率军出走法鲁哈巴德。巴哈杜尔·沙二世屈膝投降，后被囚在仰光。德里陷落后，奥德首府勒克瑙成为起义军的中心。

印度民族起义

1858年初，集中在勒克瑙的起义军接近20万人，其中3.5万以上是孟加拉军团的印度雇佣兵。2月19日至3月19日，起义军在勒克瑙进行艰苦的保卫战，最后被迫撤出城市。3月22日至4月3日，在拉克希米·巴伊领导下，起义军进行詹西保卫战。6月，詹西女王在瓜廖尔牺牲。起义虽然以失败告终，但却沉重地打击了英国殖民统治。1858年8月，英国议会通过法案，撤销东印度公司。

◆两伊战争

两伊战争，又称第一次波斯湾战争，是发生在伊朗和伊拉克之间的一场长达8年的边境战争。战争于1980年9月22日爆发，直至1988年8月20日结束。两国相邻，共同边界绵延1200公里，长约100公里的阿拉伯河是两国南部的自然边界。长期来两国存在着边界争端，经常发生武装冲突。另外，宗教也是两伊

两伊战争

战争爆发的重要原因。两国虽然同属信奉伊斯兰教的国家，但是伊朗90%的居民信仰的是伊斯兰教的什叶派，而伊拉克只有60%的居民信奉伊斯兰教的什叶派。

伊拉克从苏联获得了很大外交和军事上的支持，阿拉伯国家主要是科威特和沙特阿拉伯则提供了经济援助。另外，美国也偏向伊拉克，向其提供武器和经济援助。自1985年起，美国在出售给伊拉克武器的同时也出售给伊朗，这引发了后来里根政府的伊朗门事件。这场战争进行得十分惨烈，战争双方都常常使用类似于一战中的人海战术攻击，伊拉克使用了包括塔崩毒剂在内的化学武器。尽管伊拉克率先挑起战争和使用化学武器，国际社会对其并没有施加太大的压力。1982年6月，伊朗发动的一系列反攻夺回了伊拉克在战争初期占领的土地。伊拉克鉴于可能被彻底打败，

便向伊朗提出休战的建议。但此时，伊朗试图打垮伊拉克政权，因此拒绝了这一建议。这样导致战争又进行了六年。

1987年7月20日联合国安理会一致通过第598号决议，要求两伊立即无条件停战，引起全世界人民的积极响应，同年7月23日伊拉克宣布接受这项决议，1988年7月18日伊朗宣布正式接受这项决议。在联合国秘书长佩雷斯·德奎利亚尔及其助手的多次奔走后，两伊同意从1988年8月20日起全面停战。这是两伊从战争走向和平的重要转折。战争结束时，两国的分界线恢复到了战前的情况。

两伊战争前后历时7年又11个月，是20世纪最长的战争之一。它是一场名副其实的消耗战，是一场对双方来说都得不偿失、没有胜利者的战争。这场战争前，伊拉克的外汇盈余近400亿美元，战争结束时，它的外债是800亿美元，其中400多亿是欠西方国家和苏联的军火

两伊战争

残酷的两伊战争

债，300多亿是欠其他阿拉伯国家的贷款。战争中，伊拉克的死亡人数是30万，伤60万，直接损失（包括军费、战争破坏和经济损失）是3500亿美元。伊朗也欠外债450亿美元，死亡70万、伤110多万，仅德黑兰就有20万妇女失去丈夫；直接损失3000亿美元。战争使两国经济发展计划至少推迟20至30年。

◆中东战争

所谓“中东战争”是指1948—1982年，阿拉伯国家与以色列在中东地区进行的大规模战争，这是第二次世界大战后持续时间最长的战争。1947年，联合国大会通过“联大181号决议案”决议（33票赞成，13票反对，10票弃权），规定在巴勒斯坦建立阿拉伯和以色列两个独立的国家，把巴勒斯坦总面积的57%划给占32%人口的犹太人（犹太人原本只拥有7%土地），这项决议案对阿拉伯人非常不公平，所以阿拉伯人反对该决议，未建立阿拉伯国，结果发生5次阿以战争。

1948年5月16日凌晨，以色列建国的隔天凌晨，阿拉伯国家联盟（7个成员国）共集结军队4万多人，向以色列发起进攻，第一次中东战争爆发。战争一开始，以色列总兵力只有3.4万人，飞机33架，阿拉伯国家处于十分有利的地位，以色列军队节节败退，以色列军队在特拉维夫南面拼命抵抗，才使战情不致恶化。以色列得到了来自世界各地犹太人捐赠的新型轻重武器，从美国、英国进口轰炸机，从法国引进坦克，从捷克获得了大量轻武器、野战炮、炸弹和炸药。这时在军事上已占尽优势的以色列军队针对埃军的弱点，一口气发动了约夫战役、希拉姆战役、霍雷夫战役。埃及军队战败，联军更无斗志，节节败退，完全被赶出了巴勒斯坦。第一次中东战争结束，以色列大胜，阿拉伯国家军队死亡1.5万人，以色列军队死亡约6000人。以色列占领了巴勒斯坦总面积的80%，这场战争中有96万巴勒斯坦人逃离家园，沦为新难民。

第一次中东战争

1956年，英、法和以色列借口埃及收回苏伊士运河公司和禁止以色列船只通过运河与蒂朗海峡，向埃及发动进攻，企图重新控制运河和镇压阿拉伯民族解放运动。埃及军民坚决抵抗侵略者，尤其在保卫塞得港战斗中，充分发动和武装群众，军民联合，英勇作战，并利用美、苏和英、法之间的矛盾，在全世界人民声援下，英、法、以于6日深夜被迫同意停火和撤军。埃军亡1600余人，损失飞机210余架；英、法、以军亡200余人，损失飞机约20架。英、法军于12月撤离。从此，美国便进一步插手中东事务。以军于次年3月撤离加沙地区和西奈半岛（由联合国部队进驻加沙和亚喀巴湾沿岸地区），但取得了通过蒂朗海峡的航行权。

1967年4月，叙利亚的6架米格战机在一次突发事件中被以色列打下来，叙利亚马上向埃及呼吁参战，埃及立即动员十万大军和一千辆坦克，开进西奈半岛的埃以边界地区。以色列西面靠海，其余的南北和东面被敌国包围。就在敌人调兵遣将之际，以色列军队先发制人，1967年6月5日，在留下12架战机担任本土防空任务后，以色列空军其他战机全部动员起来准备投入到对埃及、约旦和叙利亚的袭击当中。以军集中使用200架飞机空袭埃及各空军基地，将埃军绝大部分飞机摧毁于地面，尔后又击毁叙利亚、约旦大量飞机；并出动22个旅实施多方向快速突击，4天内占领西奈半岛和加沙地区，继而攻占耶路撒冷东城区和约旦河西岸地区，10日攻占叙利亚戈兰高地。埃及对以军突袭估计不足，损失惨重。约、埃、叙先后被迫同意停火。结果，以色列又占领6.5万多平方公里的阿拉伯领土，数十万巴勒斯坦阿拉伯人被赶出家园。

1967年，以色列侵占埃、叙部分领土后，扩大了防御纵深，并在运河东岸构筑巴列夫防线和在戈

第三次中东战争

兰高地构筑防线，转取守势战略。以军自恃有强大的空军、坦克部队和侦察情报系统，骄横麻痹，疏于戒备。直到开战前数小时，以统帅部（总理G.梅厄、国防部长M.达扬等）仍认为埃、叙不敢发动进攻，在西奈半岛只驻4个旅，在戈兰高地只驻3个旅。10月6日14时，埃、叙使用优势兵力在炮兵、航空火力和防空火网掩护下，分别向西奈半岛（西线）、戈兰高地（北线）同时突然发起进攻。24日，埃以双方按照联合国安理会决议停战。埃、叙同意分别于次年1月和5月签署第1阶段脱离军事接触协议。至此，埃控制了运河东岸纵深约10公里的狭长地带，基本达到战略目的（1982年4月，根据1979年3月埃以和平条约，以色列完全撤出西奈半岛）。北线以军撤至1967年停火线以西。

1982年6月6日，以色列在美国的支持和纵容下，借口其在驻英大使被巴勒斯坦游击队刺杀，悍然出动陆海空10万多人，对黎巴嫩境内的巴勒斯坦解放组织游击队和叙利亚驻军发动了大规模的进攻。到6月11日，以军占领了从贝鲁特到大马士革的国际公路以南2800平方公里的黎巴嫩土地。巴勒斯坦解放组织在这一地区的基地被全部摧毁，武装力量的主力也遭到重大损失。驻贝卡谷地的叙利亚军队也受到以色列空军的重创，萨姆导弹设施和空军力量遭到重大损失。6月11日，叙利亚与以色列达成停火协议。接着，以色列调集重

残酷的中东战争

兵对巴解总部所在地贝鲁特西区进行了长达两个多月的包围和攻击，后在联合国的调解以及维持和平部队的监督下，巴解总部及其万余名武装人员不得不撤出贝鲁特，分散到突尼斯等8个阿拉伯国家。叙利亚在贝鲁特的1000多名士兵也同时撤走。

◆马岛战争

马岛战争全称马尔维纳斯群岛战争，是1982年4月到6月间，英国和阿根廷为争夺马岛（阿根廷称“马尔维纳斯群岛”）的主权而爆发的一场战争。

20世纪80年代初，阿根廷发生了严重的经济危机和大规模的反对以加尔铁里总统为首的军政府的运动，阿根廷政府试图通过对马岛采取军事行动，来缓解国内危机。1982年3月19日，阿根廷人登陆南乔治亚岛并升起国旗。4月2日，加尔铁里总统下令出兵占领马岛，马岛战争正式爆发。英国最初对阿根廷的进攻感到吃惊，派遣了一支海军特遣战斗群来对抗阿根廷海空军的进攻，皇家海军陆战队也加入了战斗。

在一番激烈和艰苦的争夺后，英军夺回了马岛的控制权。但是阿根廷至今仍未有放弃对马岛的主权要求。战争对双方的政治影响都是巨大的。阿根廷的战败导致了更大规模的反政府运动，最后导致军政府倒台。对于英国来说，强烈的爱国主义情绪横扫全国，加强了以首

英阿马岛战争

相撒切尔夫人为首的政府的权威，同时帮助英国保守党赢得1983年的普选。尽管这场战争双方的伤亡并不是很大，在双方历史的长河中也很难称为主要历史事件，但它在两国历史上还是占有重要的一页。

第五章 世界著名战役

战役是介于战争与战斗之间的作战行动，它是战争的一个局部，直接服务和受制于战争全局，也不同程度地影响战争全局。战役直接运用战斗，也为战斗的成败所直接影响。现代战役，通常是诸军种、兵种共同进行的合同战役。按作战的目的和性质分，有进攻战役和防御战役；按参战的军种分，有陆、海、空等军种的独立战役，有陆海、陆空、海空及陆海空等几个军种的联合战役；按作战行动空间分，有陆上战役、海上战役、空中战役等；按作战规模分，有大型战役（如大的战区或方面军群进行的战役），中型战役（如中等战区或方面军进行的战役），小型战役（如小的战区或集团军进行的战役）。在一次大型战役中通常包括几个中小型战役。其中陆上战役

阵地战战役

按作战形式又分为：阵地战战役、运动战战役和游击战战役以及几种形式相结合的战役等。阵地战战役依阵地坚固程度不同，又分为野战阵地和坚固阵地的进攻战役和防御战役。还可按地形和气候条件分为各种地形和气候条件下的战役，如江河水网地区、荒漠草原地区、高寒地区、热带山林地区等进攻和防御战役。

充满血腥味的战争

在国外，17世纪以前，多把大规模作战称为“会战”。“战役”一词，在中国始见于1894年中日甲午战争的史料中，当时称甲午海战为“甲午战役”“日清战役”等。1908年，蔡锷提出战役是一个作战等级，并指出：“军者，战役中能独立专任一方面之战事者也。”此后，战役作为一个军事术语使用日渐广泛。在前苏联，使用战役这一术语始见于20世纪20年代。美国长期不使用战役概念，直至1982年才在其《作战纲要》中使用了“战役”一词。中国人民解放军的战役是建立在人民战争基础之上的，是以劣势装备战胜优势装备之敌的战役，经历了一个由小到大、由单一的陆军战役到诸军兵种合同战役的发展过程。战役通常由战役准备和战役实施两大部分组成。本章将为大家展示中西方历史上著名的战役，以期给读者以收获。

西方著名战役

◆木马屠城

斯巴达国王美内劳斯因为其太太海伦被帕里斯所带走，因此向希腊各城邦求助，共同出兵特洛伊。但特洛伊因为有亚马逊女战士和黎明女神儿子梅农的帮忙，与维纳斯暗中协助，所以能抵抗希腊联军。希腊联军围困特洛伊城久攻不下，围城时间长达十年。

有一天，希腊联军的战舰突然扬帆离开了。平时喧闹的战场变得寂静无声。特洛伊人以为希腊人撤军回国了，他们跑到城外，却发现海滩上留下一只巨大的木马。特洛伊人惊讶地围住木马，他们不知道这木马是干什么用的。有人要把它拉进城里，有人建议把它烧掉或推到海里。正在这时，有几个牧人捉住了一个希腊人，他被绑着去见特洛伊国王。这个希腊人告诉国王，这个木马是希腊人用来祭祀雅典娜女神的。希腊人估计特洛伊人会毁掉它，这样就会引起天神的愤怒。但如果特洛伊人把木马拉进城里，就会给特洛人带来神的赐福，所以希腊人把木马造得这样巨大，使特洛伊人无法拉进城去。特洛伊国王相信了这话，正准备把木马拉进城时，特洛伊的祭司拉奥孔跑来制止，他要求把木马烧掉，并拿长矛刺向木马。木马发出了可怕的响声，这时从海里窜出两条可怕的蛇，扑向拉奥孔和他的两个儿子。拉奥孔和他的儿子拚命和巨蛇搏

特洛伊木马

斗，但很快被蛇缠死了。两条巨蛇从容地钻到雅典娜女神的雕像下，不见了。希腊人又说，“这是因为他想毁掉献给女神的礼物，所以得到了惩罚。”特洛伊人赶紧把木马往城里拉。但木马实在太大了，它比城墙还高，特洛伊人只好把城墙拆开了一段。当天晚上，特洛伊人欢天喜地，庆祝胜利，他们跳着唱着，喝光了一桶又一桶的酒，直到深夜才回家休息，做着关于和平的美梦。深夜，一片寂静。劝说特洛伊人把木马拉进城的希腊人其实是个间谍，他走到木马边，轻轻地敲了三下，这是约好的暗号。藏在木马中的全副武装的希腊战士一个又一个地跳了出来。他们悄悄地摸向城门，杀死了睡梦中的守军，迅速打开了城门，并在城里到处点火。隐蔽在附近的大批希腊军队如潮水

般涌入特洛伊城。10年的战争终于结束了。希腊人把特洛伊城掠夺成空，烧成一片灰烬。男人大多被杀死了，妇女和儿童大多被卖为奴隶，特洛伊的财宝都装进了希腊人的战舰。海伦也被墨涅依斯带回了希腊。特洛伊战争就此结束。

◆马拉松战役

古波斯帝国是人类历史上第一个名副其实的大帝国。公元前550年波斯王居鲁士统一波斯全境，开始大规模扩张，在短短的50年间，除中国以外的所有文明古国，如埃及、巴比伦、腓尼基、巴勒斯坦、亚美尼亚和北印度等都被波斯征服，沦为波斯的行省或附庸。到希波战争前夕，波斯帝国已经控制了所有小亚细亚的希腊城邦，又用武力使希腊周边国家色雷斯和马其顿臣服，希腊在波斯的狂飙突进中宛如汪洋中的一条小船，朝不保夕。

马拉松战役是希波战争中的一次重要战役。公元前491年，波斯皇帝大流士派遣使者到希腊各邦索取“土和水”，就是要求希腊各国对波斯表示屈服，但遭到了雅典和斯巴达的拒绝。公元前490年，大流士亲率波斯军队再次入侵希腊，在雅典城东北60公里的马拉松平原登陆，妄图一举消灭雅典，进而鲸吞整个希腊。当时斯巴达没有及时援助雅典，只有普加提亚提供了一千援兵，雅典在国家生死存亡时刻，只有依靠自己力量与波斯帝国进行对抗。当时波斯军队有千万人，装备精良，还有骑兵，而雅典军队只有一万人，加上普加提亚援兵一千人，他们组成希腊联军，由雅典将军米太亚指挥。双方军队在马拉松平原展开激战，希腊战士为保卫祖国自由的热情所鼓舞，奋起抗击波斯军队，他们从正面发起佯攻.波斯军队突破了希腊的中线，但在两翼希腊军队却取得了胜利，于是他们又从两面夹攻突破中线的敌人,乘胜

马拉松古战场遗址

追击，一直把波斯军队追赶到海边，波斯军队慌忙登船而逃,有七条船被希腊军队截住。这次战役波斯军队死亡达6400人，而希腊只牺牲192人，雅典军队在马拉松战役后急忙赶回雅典，波斯军队一看到雅典军队已有防备，便调转船头驶回亚洲。

为了把胜利喜讯迅速告诉雅典人，米太亚得派士兵斐力庇第斯去完成任务，当他以最快速度从马拉松跑到雅典中央广场，对着盼望的人们说了一声："大家欢乐吧，我们胜利了"之后就倒在地上牺牲了。为了纪念马拉松战役的胜利和表彰斐力庇第斯的功绩，1896年在雅典举行的第一届奥林匹克运动会上，增加了马拉松赛跑项目。

◆萨拉米海战

当时在希腊，一直流传着太阳神的一个预言：希腊的命运要靠木墙才能拯救！根据这个预言，有人主张把居民撤到山上去。可是，雅典杰出的海军统帅提米斯托克利对古老的预言有自己的理解。他说希腊的未来在海上，太阳神所说的木墙就是指大船。因此他建议所有的妇女儿童都坐船到亚哥斯的特洛辛和本国的萨拉米斯岛上去躲避，所有的男人都乘着战船，集中到萨拉米海湾。雅典和其他城邦的人都接受了他的建议。

就在波斯陆军直扑雅典的时候，波斯海军也绕过优卑亚岛，掠过阿提卡，来到雅典的外港比里犹斯。他们水陆呼应，大有气吞山河，踏平希腊之势。面对波斯军队的水陆夹击，集中在雅典城南萨拉米海湾的希腊联合舰队发生了动摇。提米斯托克利表示："我们的舰队在窄海中作战，可以以少胜多。如果撤出萨拉米湾，在开阔的水面上决战，全希腊都要同归于尽。"尽管提米斯托克利说得很有道理，军事会议也先后开了两次，众人还是听不进去。眼看战机就要失去，提米斯托克利焦急万分。突然，他脑际灵光一闪，想出一条妙计：为什么不请波斯人来帮一下忙呢？于是，他叫来自己的一个贴身卫士，交给他一封密信，让他去向波斯王告密，说希腊海军人心浮动，不敢交战，都想逃出海湾。薛西斯见到密信，十分高兴，立即下令严密封锁海湾，不准放过一条船。

萨拉米海战

到了凌晨时分，波斯舰队完成了对希腊舰队的包围。海湾西口，200艘埃及战舰按时到达指定位置，堵住了希腊舰队的退路；海湾东口，800多艘波斯战舰排成三列，将海面封锁得严严实实。被逼到绝境的希腊联合舰队在提米斯托克利的指挥下迅速展开了阵形：科林斯舰队开往海湾西口顶住埃及人的冲击；主力舰队分为左、中、右三队，集中在海湾东口，与波斯主力抗衡。本来希腊海军只有战船358艘，而波斯庞大的海军拥有1207艘战船。但在战役开始前，由于不熟悉天气、航情，波斯海军在实施包围行动时，先后两次遇到飓风，有600艘战舰随风飘碎，战斗力损失了一半。战斗开始后，双方战舰在性能上的优劣也很快显示出来。雅典的新式三层战舰长40~45米，170名桨手分别固定在上中下三层甲板上。体积小、速度快、机动性强，吃水浅。而波斯老式挂帆战船，体积大、速度慢、机动性差、吃水深。提米斯托克利发挥自己船小快速的优势，机智地指挥雅典战船不断地向波斯战船作斜线冲击，利用船头一根长约5米的包铜横杆，先将敌人的长桨划断，然后调转船头，用镶有铜套的舰首狠狠冲撞波斯战舰的腹部。敌舰就

萨拉米海战帕蒂农神庙

这样一艘一艘地被撞沉。一番激战后，波斯前锋舰队抵挡不住，被迫后撤。而正从后面增援的波斯战舰并不知道战况，它们战鼓齐鸣，猛往前冲。由于正值顺风，鼓成满帆的后援战舰冲入海湾，正好同后撤的前锋舰只迎头相撞，乱成一团。提米斯托克利见此情景，乘机指挥全军四面出击。波斯舰队进退两难，被冲撞得七零八落，毫无还手之力。海军统帅阿拉禾西亚见败局已定，只得狼狈后撤。

◆坎尼战没

公元前264年，迦太基和罗马因争夺西西里而开战，结果迦太基战败。自从与罗马订立了屈辱的和约之后，迦太基一直试图复仇。23年后，迦太基的新统帅汉尼拔率领军队，以惊人的胆略翻过被认为是无法逾越的阿尔卑斯山，突然出现在罗马本土意大利平原上，并在公元前216年春攻占了罗马的重要粮仓坎尼，使罗马大为惊慌。罗马的执政统帅瓦罗便率8万步兵和6000骑兵向坎尼进发，决心夺回这座城市。

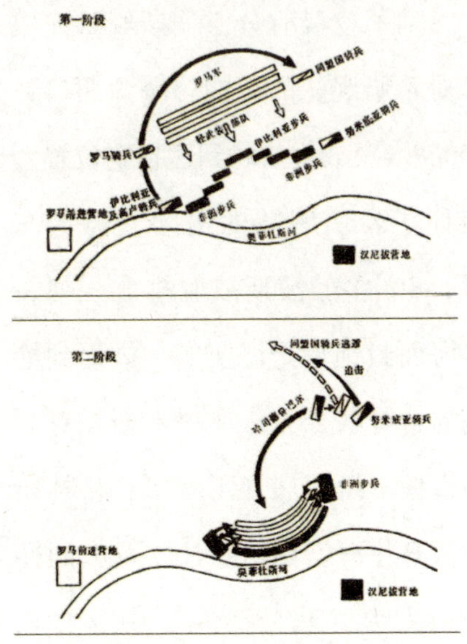

坎尼战役

公元前216年6月的一天，罗马与迦太基在坎尼附近的海边平原各自摆开阵势，准备决一死战。罗马的统帅瓦罗倚仗着手中拥有优势兵力，摆开咄咄逼人的进攻架势：8万名步兵排成70列，以密集的队形摆在中央，骑兵配制在左右两侧。这样的队形，前后的长度要大于左右的宽度，目的就是要以精锐的步兵进行强有力的冲击，突破对方的中央防线，一举取得成功。迦太基军在数量上处于劣势，只有5万多人。然而，汉尼拔是位具有非凡指挥才能的统帅，他在战前反复观察了战场周围的地形和气候，知道战场离海不过5000米，海面上经常在中午时分要刮很强的东风。所以，他选择了一块背风的地方作为阵地。并且预先在一个山谷埋伏了一支小分队，命令率队的军官如果交战时刮起东风便袭击敌军的后方。同时又挑选了500名骁勇善战的步兵，让他们在手持长兵器的同时，在衣内暗藏一把短匕首，随时准备执行特殊任务。针对罗马军的企图，汉尼拔针锋相对，摆下了一个很特别的阵势：正中间是2万名战斗力较弱的步兵，排成半月形，凸出的一面对着敌人，两边是战斗力强的步兵；在半月形阵势的两端，是精锐的骑兵。一切准备就绪后，上午8点多钟，广阔的战场上响起了刺耳的军号声。紧接着，十几万人同时发出震耳欲聋的呐喊声，一场规模巨大的厮杀开始了。罗马步兵一开始就全力向迦太基步兵的中央猛攻。正如汉尼拔所料那样，不一会儿，中央的迦太基步兵抵挡不住罗马步兵

坎尼战役中的图瓦卢

的凶猛进攻，便向后退却。这样，半月形的阵势弯了进去，原来凸向罗马人的部分，现在凹了进来。

罗马军越是楔进，迦太基的队列越是从两侧向内收缩。罗马军的整个队形在纵向上越拉越长，而在横向上越来越窄。当罗马军深入一定程度时，汉尼拔又指挥他的精锐步兵和骑兵迅速挤压敌军的两翼。同时，向500名衣藏短匕首的强悍步兵发出一个预定的信号。只见这500步兵一窝蜂地拥向罗马军那边，似乎像逃兵一样。罗马人以为他们是来投降的，瓦罗赶紧让部下收掉他们的长剑和盾牌，将他们安置在自己部队的后卫地带。正午到了，海面上刮起了强劲的东风，卷起了漫天的沙土，使面对东方的罗马士兵难以睁开双眼，彼此间相互碰撞，自伤很多，乱作一团。时机已到，汉尼拔毫不迟疑地发起了全线反攻的命令。刹时间，被安置在罗马军后边的500名迦太基步兵，突然从怀中抽出匕首，奋力向近处的罗马士兵刺去；埋伏在山谷中的一支部队也冲杀下来，突入罗马军队列之中；迦太基军两翼的骑兵发起进攻，击溃了罗马军的骑兵，切断了罗马军的退路；两翼的步兵继续挤逼夹在中间的罗马军。不一会儿，迦太基军就形成一个圈形，将罗马军团团围住。密集的标枪、投石和飞箭从四面八方射向罗马军。挤成一团的罗马军无处

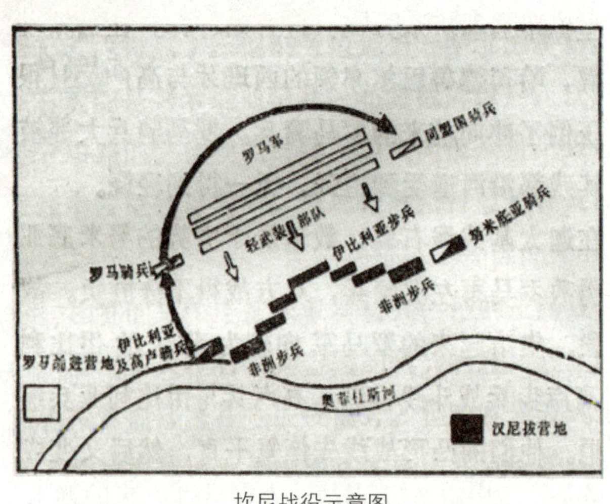

坎尼战役示意图

躲避，一排排扑倒在地。战场上尸横遍野，一片惨状。战斗整整持续了12个小时，直至黄昏以后才结束。罗马的8万大军7万人死于非命，执政官鲍路斯和军团将校全部阵亡，指挥决战的统帅瓦罗率残部逃跑。而迦太基军总共只损失了6000人。

坎尼战争是汉尼拔在战争指导上最杰出的杰作之一。此战充分显示了汉尼拔卓越的指挥艺术和组织才能。在西方战争史上，坎尼战役被称之为军事艺术上无与伦比的典范。在西方国家的词汇中，“坎尼”成了围歼战役的代名词。

◆梅托罗战役

坎尼战役后，罗马采用了统帅费边的消耗策略，不与汉尼拔正面交锋，同时不断派小股部队骚扰，以动摇其军心，耗尽汉尼拔的实力。汉尼拔的军队在意大利征战十年，迦太基制海权的丧失使他迟迟没有得到本国的支援，军队越打越少，同时也未能获取能与罗马相抗衡的资源，而是仅仅依靠地方城镇低效率的补给，最终逐渐被困在意大利南部。此时的罗马，人力、物力也都已至极限，举国上下也仅仅是依靠着坚强的意志苦苦支撑。

在这种情况下，迦太基的另一位将领，汉尼拔的弟弟哈斯朱拔

梅托罗战役

便将担负起打破这个战略僵局的任务。公元前211年，哈斯朱拔击杀罗马统帅老西庇阿，试图率军东进，与正孤军作战的汉尼拔会合。时年二十五岁的西庇阿成为罗马新的统帅。他迅速扭转战局，于前209年攻下哈斯朱拔在伊比利亚的基地新迦太基城，缴获大量物资，占据了当地的银矿，又联合西班牙人共同对抗迦太基，同时在地中海沿岸修建大批要塞，想以此阻住哈斯朱拔的东进。哈斯朱拔了解到罗马军队的动向，于前208年冬季率军取道伊比利亚东北部的山区进入高卢。此举完全出乎了西庇阿的预料。哈斯朱拔进入高卢中部后不再前进，而是停下来过冬，与高卢各部落交好，经过一个冬天，收编了大批高卢人。前207年春季，哈斯朱拔率大军翻过阿尔卑斯山。他的军队不仅毫发未损，反而像滚雪球一般壮大了许多。

尼禄头像

当罗马人得知哈斯朱拔的迦太基主力经过千里跃进，已经摆脱西庇阿的追击，越过阿尔卑斯山，出现在意大利北部的波河平原时，不禁面面相觑。他们知道，决定罗马存亡的时刻终于到了。对原本占有优势的罗马而言，形势急转直下。一旦哈斯朱拔与汉尼拔互通消息，南北对进，罗马就将亡国灭种。执政官尼禄和利维乌斯立即兵分两路，由尼禄指挥4万大军南下与汉尼拔对峙，利维乌斯则领兵北上，希望能拖住哈斯朱拔的大军。由于兵力不足，利维乌斯且战且退，终于在梅托罗河以南的小镇塞那稳住阵脚。哈斯朱拔频频诱使利维乌斯与自己会战，利维乌斯始终坚守不出。

这时哈斯朱拔的大军距离汉尼拔营地已经只有三百公里。然而汉尼拔缺乏准确的情报，无法判断哈斯朱拔下一步的打算，因此按兵不动，静候哈斯朱拔的消息。哈斯朱拔派出信使和汉尼拔联络，他在信中详细说明了自己的行军路线，提出了南北对进的构想。然而信使在即将到达汉尼拔营地时被罗马军队擒获，哈斯朱拔的全盘计划落入了正与汉尼拔对峙的尼禄手中。尼禄看到信后大吃一惊。他认为当务之急是要击败哈斯朱拔的主力。这时利维乌斯和哈斯朱拔在北线逐渐形成了均势，尼禄当机立断，亲率一万精兵出发。尼禄精心调控行军速度，于当日夜间与利维乌斯会合。这时罗马和迦太基两军营地相距仅一公里，为了不让哈斯朱拔觉察出援兵已至，尼禄的军队没有另外扎营，而是进入了利维乌斯的营地。

这时汉尼拔和哈斯朱拔还完全蒙在鼓里，尼禄和利维乌斯当即决

迦太基古城遗址

定全力进攻，迅速歼灭哈斯朱拔的主力，再回过头来对付汉尼拔。会战终于打响了。利维乌斯首先率军向哈斯朱拔的右翼发起进攻，却遇到异常坚强的抵抗。哈斯朱拔看到战局正向着他预想的方向发展，于是率军展开反击，企图歼灭利维乌斯。利维马斯唯有拼命抵抗，苦苦支撑。然而正在这最关键的时刻，原本正领兵跋山涉水的尼禄亲率一支精兵脱离迦太基的左翼，迂回至哈斯朱拔所在的右翼，从侧面发动了突然攻击。迦太基军队由于陡然间遭受打击，导致哈斯朱拔的整个右翼阵形崩溃。而尼禄留在迦太基左翼的军团经过跋涉，也终于出现在高卢人的阵前。尼禄和利维乌斯追击而来，罗马军团对迦太基军队完成了合围，会战变为屠杀。

梅托罗战役是布匿战争的转折点。自此以后，罗马对迦太基再无畏惧，尽管战争还要再进行5年。公元前202年，罗马统帅西庇阿指挥大军，于北非的扎马决定性地击破了汉尼拔。在迦太基覆灭之后的数百年内，罗马也再未遇到同样可怕的敌人，能够使罗马一夜数惊。应当说，罗马整个民族的气运都系在了梅托罗一役上。

◆阿莱西亚攻防战

凯撒在阿莱西亚修建的双环防线，是罗马军队土木工程的顶峰之作。两条防线构造相同，都是由两道深2.5，宽5米的堑壕组成，两道壕沟相距约10米，之间放置由削尖的木桩做成的鹿砦；紧贴着第二道堑壕是高4米的寨墙，墙后每隔100米就建有一座箭楼。罗马士兵还在壕沟外面挖了不少陷阱，里面插满尖利的树桩，阱口用杂草树枝掩盖。在阿莱西亚被围困两个月以后，高卢25万援兵终于到齐，各路援兵推举罗马的叛将康谬为统帅，开始了一场惊心动魄的攻防战。

这天清晨，高卢人象涨潮的海

凯撒大帝

水一样涌到罗马的防线前面，突然间无数的号角吹响，高卢人群爆发出惊天动地的咆哮，狂飙一般冲了上来。冲在近前的高卢人为陷阱和壕沟所阻，迎接他们的则是罗马士兵的弓箭和标枪暴雨一般的攒射。看到无法克服罗马军队的堑壕，高卢人退了回去。入夜，高卢人卷土重来，这次他们带来大量树枝，填进堑壕里。用这个办法高卢人越过了两道壕沟，直达罗马人的寨墙之下，这里高卢人再次受阻，罗马人的寨墙上插满了尖利的树桩，无法攀援而上。战斗持续了一整夜，高卢人前仆后继，好几次几乎就要攻破寨墙，都被凯撒的爱将安东尼率领预备队前来堵住缺口。到天亮，高卢军队伤亡惨重，只得再次退了回去。

高卢援军统帅康谬召开军事会议，向当地人问清楚地形以后，派最精锐的一支部队在夜幕的掩护下迂回到罗马防线的北侧，第二天正午，这支奇兵突然攻击罗马防线上最薄弱的一段，与此同时，高卢援军主力从西面发起总攻。维钦托利也率军冲出要塞，攻击罗马人的内环阵地。这是凯撒的军事生涯中受到的最严峻的一次考验。罗马人的防线多处被突破，凯撒身披猩红色斗篷，亲率他的卫队来回奔波，赶到最危急的地区，他的出现往往能使罗马士兵士气大振，将高卢人压回去。战斗进行到下午，凯撒知道自己的防线支持不了太久，现在是孤注一掷的时候了。凯撒的日尔曼骑兵在防御战中还没怎么派上用场，凯撒命令他们从防线的南侧出发，迂回到高卢人的背后发起进攻。虽然日尔曼骑兵只有几千人，他们的突然袭击产生了巨大的心理威慑，高卢人的战斗意志终于崩溃了。凯撒看到高卢人乱成一团，也率罗马步兵出击。到这时高卢援军完全瓦解，各部落争先恐后地逃回自己的领地。

青年高卢人半胸像

维钦托利在阿莱西亚山上绝望地目睹了高卢援军的覆灭。他的部队已经弹尽粮绝，无力再战。于是，他召集最后一次军事会议，对大家说："我起事没有别的目的，就是为了高卢的自由。现在既然战败，我必须接受这个命运。我把自己交给你们处置，你们可以杀了我向罗马人谢罪，也可以把我绑上献给罗马人。"于是高卢人决定投降。

后世史学家评论这场决战，大多认为凯撒赢得相当侥幸。古往今来，围城的人被反包围，不得不两线作战的例子比比皆是，只有凯撒获得了胜利。倘若高卢援军在后方留一支预备队，扛住日尔曼骑兵的进攻，恐怕用不了多久罗马的防线就会崩溃。凯撒成为这场血战的胜利者，除了要归功于他高超的指挥艺术和坚韧不拔的意志外，可能也是冥冥中自有天意。

◆匈牙利之战

就在波兰联军和蒙古右翼军团决战的同一天，匈牙利国王贝拉率领7万大军离开布达城北上，迎击入侵的蒙古大军。匈牙利人是一个特别强悍的民族，是古代匈奴人的后代，几个世纪以来，匈牙利人一直作为欧洲东大门的屏障，现在，这道东欧的屏障要面临来自东方的蒙古人的挑战了。蒙古与匈奴，到底谁才是真正的天之骄子呢？

1241年4月11日清晨，蒙古大军在匈牙利大营南面几公里的地方涉渡绍约河，向匈牙利军队发动突然袭击。贝拉率7万大军在莫希平原面向南方仓促列阵。由于拜答尔军团尚未赶到，此时参战的蒙古军队只有5万人。拔都率领两万骑兵迂回到西面攻击匈牙利阵营的右侧，而速不台率领3万骑兵绕了一个更大的圈

匈奴人

子，迂回到匈牙利大军的北面。贝拉看到右侧受到攻击，就命令匈牙利阵营以右翼为轴心，整体向右旋转，企图包抄拔都的两万骑兵。贝拉这一战术机动想法很好，俨然有亚力山大的遗风，只可惜匈牙利军队不是马其顿军队。匈牙利军队从来没有接受过高速运动中保持队形的训练，在移动过程中相互拥挤，乱成一团。正在这时，速不台率领三万骑兵突然从后面发起攻击，匈牙利阵营顿时土崩瓦解，四散奔逃。贝拉率领残军撤退到绍约河畔的营垒里负隅顽抗。

蒙古大军将匈牙利人的大营团团围住，开始向欧洲人展示其精良的攻城器械。蒙古攻灭金国以后，招募了大量中国工匠，制造了许多相当精巧的床弩和投石器，可以拆卸分装在马背上运输。蒙古人用床弩向匈牙利人的大营发射火箭，而投石器将大量石头、盛满滚油的瓦罐、烟花爆竹等等抛掷到匈牙利人的头上，从来没有见过这种场面的匈牙利人惊恐万状。绝望的匈牙利人突然发现蒙古军队的包围圈在西面有一个缺口，一些胆大的匈牙利骑兵率先从缺口突围，居然毫发无损地逃脱了。失去理智的匈牙利人于是

作战兵器——床弩

争先恐后从缺口夺路而逃。不用说这又是速不台设下的圈套。突围的匈牙利人没跑出多远，就发现大批蒙古骑兵从两侧跟了上来，将匈牙利溃兵夹在中间，密集的箭雨将这些可怜的欧洲人笼罩，中箭落马的匈牙利士兵被蒙古人用长矛和马刀一一了结。莫希平原之战，七万匈牙利大军只有不足一万人生还。匈牙利国王贝拉在卫队拼死保护下逃脱，由于蒙古人紧紧追赶，贝拉一直逃到克罗地亚，躲到一个海岛上方才保住性命。

◆索姆河会战

索姆河会战是指第一次世界大战中期，英、法军队在法国北部索姆河地区对德军的阵地进攻战役。战役从1916年6月24日开始，至11月中旬结束。其目的是突破德军防御，以便转入运动战，同时减轻凡尔登方向德军对法军的压力。当时战线由南向北，在亚眠以东50多公里的地方穿过索姆河。德军在该地区构筑了号称“最坚强的”防线，包括3道阵地和一些中间阵地。主要阵地有坑道工事，阵地前面有多层铁丝网。守军为德军第2集团军，防御正面宽58公里，其第一线为9个师，预备队4个师，以后兵力增加到67个师。英、法方面原计划让法军担任主攻，但因凡尔登战役动用了法军大量兵力，遂改以英军为主。最初投入兵力为39个师（战役过程中增加到86个师），其中英军25个师，以第4集团军为主、第3集团军为辅，在索姆河北岸卡尔诺以北地区进攻，正面25公里；法军第6集团军14个师，跨索姆河在英军右侧进攻，正面15公里。英、法军炮兵和空军都占优势。采取对有限目标逐次攻击战法，企图通过消耗德军兵力达到突破的目的。为协调两军行动，规定每次进攻到达线不能自行超越。

从6月24日起，英、法军进行

索姆河会战

了7天的炮火准备，7月1日晨7时半步兵在炮火支援下发起进攻。当天法军和主攻方向上的英军都突破了德军第一道阵地，但英军左翼则毫无进展。英军以密集队形前进，遭到德军机枪和炮兵火力的严重杀伤，第一天即伤亡近6万人。7月3日英军右翼和法军占领了德军第二道阵地。德军利用对方进攻的间歇，迅速调集兵力，加强纵深防御，并在一些地段上实施反击。英、法军于7月中、下旬再度发起进攻，南岸法军占领了第三道阵地，但未能发展为战役突破。9月3日，英军32个师、法军26个师第三次发起进攻，截至12日向德军纵深只推进了2~4公里。9月15日，英军在进攻中首次使用坦克，共出动49辆，但实际参加战斗的只有18辆（被德军击毁10辆）。尽管如此，步兵的进攻速度还是因此而有所增加，当天就占领了第三道阵地的几个要点。在战争史上这是第一次使用坦克。在9月下旬和11月的进攻中，英军又两次使用坦克，但数量较少，收效不大。

索姆河会战是第一次世界大战中规模最大的一次战役。双方伤亡约134万人，其中英军伤之45万余人，法军伤之34万余人，德军伤之53.8万人。英、法军未达到突破德军防线的目的，但钳制了德军对凡尔登的进攻，进一步削弱了德军实力。

中国古代著名战役

◆牧野之战

盟津之会后的两年中，纣王昏乱暴虐，愈演愈烈；杀王子比干、囚禁箕子，人民的不满无以复加，连太师、少师都抱乐器奔周。纣已众叛亲离、彻底孤立，伐纣时机已经成熟。于是，武遍告诸侯：殷有重罪，不可不征伐！

公元前1046年（一说前1057年）正月，周武王统率兵车300乘，虎贲3000人，甲士45 000千人，浩浩荡荡东进伐商。同月下旬，

牧野之战

周军进抵孟津，在那里与反商的庸、卢、彭、濮、蜀（均居今汉水流）、羌、微（均居今渭水流域）、髳（居今山西省平陆南）等部落的部队会合。武王利用商地人心归周的有利形势，率本部及协同自己作战的部落军队，于正月二十八日由孟津（今河南孟县南）冒雨迅速东进。从汜地（今河南荥阳汜水镇）渡过黄河后，兼程北上，至百泉（今河南辉县西北）折而东行，直指朝歌。周师沿途没有遇到商军的抵抗，故开进顺利，仅经过6天的行程，便于二月初四拂晓抵达牧野。周军进攻的消息传至朝歌，商朝廷上下一片惊恐。商纣王无奈之中只好仓促部署防御。但此时商军主力还远在东南地区，无法立即调回。于是只好武装大批奴隶，连同守卫国都的商军共约17万人（一说70万，殊难相信），由自己率领，开赴牧野迎战周师。

二月初五凌晨，周军布阵完毕，庄严誓师，史称“牧誓”。武王在阵前声讨纣王听信宠姬谗言，不祭祀祖宗，招诱四方的罪人和逃亡的奴隶，暴虐地残害百姓等诸多罪行，从而激发起从征将士的敌忾心与斗志。商军中的奴隶和战俘心向武王，这时便纷纷起义，掉转戈矛，帮助周帅作战。“皆倒兵以战，以武王”。武王乘势以“大卒（主力）冲驰帝纣师”，猛烈冲杀敌军。于是商军十几万之众顷刻土崩瓦解。纣王见大势尽去，于当天晚上仓惶逃回朝歌，登上鹿台自焚而死。周军乘胜进击，攻占朝歌，灭亡商朝。尔后，武王分兵四出，

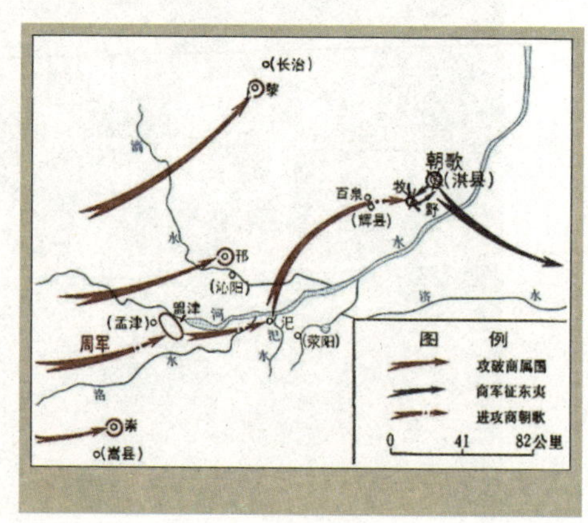

牧野之战示意图

征伐商朝各地诸侯，肃清殷商残余势力。商朝灭亡。

牧野之战是我国古代车战初期的著名战例，它终止了殷商王朝的六百年统治，确立了周王朝对中原地区的统治秩序，为西周礼乐文明的全面兴盛开辟了道路，对后世历史的发展产生了深远的影响。而其所体现的谋略和作战艺术，对古代军事思想的发展也具有不可低估的意义。牧野之战是我国历史上的一次正义之战。

◆ 长平之战

公元前262年，秦昭王派大将白起攻打韩国，占领了野王城，切断了韩国上党郡和国都的联系。韩国想献出上党郡向秦求和，但是上党郡守冯亭不愿降秦，请赵国发兵取上党郡。昭王四十七年（公元前260年），秦派左庶长王龁攻韩，夺取上党。上党的百姓纷纷逃往赵国，

廉颇庙

赵驻兵于长平（今山西省高平市长平村），以便镇抚上党之民。4月，王龁攻赵。赵派廉颇为将抵抗。赵军士卒犯秦斥兵，秦斥兵斩赵裨将茄。6月，败赵军，取二鄣四尉。7月赵军筑垒壁而守。秦军又攻赵军垒壁，取二尉，败其阵，夺西垒壁。

双方僵持多日，赵军损失巨大。廉颇根据敌强己弱、初战失利的形势，决定采取坚守营垒以待秦兵进攻的战略。秦军多次挑战，赵国却不出兵。赵王为此屡次责备廉颇。秦相应侯范雎派人携千金向赵国权臣行贿，用离间计，散布流言说："秦国所痛恨、畏惧的，是马服君赵奢之子——赵括；廉颇容易对付，他快要投降了。"赵王既怨怒廉颇连吃败仗，士卒伤亡惨重，又嫌廉颇坚壁固守不肯出战，因而听信流言，便派赵括替代廉颇为将，命他率兵击秦。

赵括上任之后，一反廉颇的部署，不仅临战更改部队的制度，而且大批撤换将领，使赵军战力下降。秦见赵中了计，暗中命白起为

长平之战遗址

将军，王龁为副将。赵括虽自大骄狂，但他畏惧白起为将。秦王下令“有敢泄武安君将者斩。”

白起面对鲁莽轻敌，高傲自恃的对手，决定采取后退诱敌，分割围歼的战法。他命前沿部队担任诱敌任务，在赵军进攻时，佯败后撤，将主力配置在纵深构筑袋形阵地，另以精兵5000人，楔入敌先头部队与主力之间，伺机割裂赵军。8月，赵括在不明虚实的情况下，贸然采取进攻行动。秦军假意败走，暗中张开两翼设奇兵胁制赵军。赵军乘胜追至秦军壁垒，秦早有准备，壁垒坚固不得入。白起令两翼奇兵迅速出击，将赵军截为三段。赵军首尾分离，粮道被断。秦军又派轻骑兵不断骚扰赵军。赵军的战势危急，只得筑垒壁坚守，以待救兵。秦王听说赵国的粮道被切断，亲临河内督战，征发15岁以上男丁从军，赏赐民爵一级，以阻绝赵国的援军和粮草，倾全国之力与赵作战。

到了9月，赵兵已断粮46天，饥饿不堪，甚至自相杀食。赵括走投无路，重新集结部队，分兵四队轮番突围，终不能出，赵括亲率精兵出战，被秦军射杀。赵括军队大败。20几万士兵投降白起。白起使诈，把赵降卒全部坑杀，只留下240个小兵回赵国报信。赵国上下为之震惊。后因赵国的平原君写信给其妻子的弟弟即魏国的信陵君，委托他向魏王发兵救赵，于是信陵君就去求魏王发兵救赵，魏王派晋鄙率十万大军救赵。但由于秦昭襄王的威胁，魏王只好让军队在邺城待命。信陵君为了救赵，只好用侯嬴计，窃得虎符，杀晋鄙，率兵救赵，在邯郸大败秦军，才使赵国避免了过早灭亡的命运。

◆巨鹿之战

秦朝末年，天下大乱，诸侯割据，军阀混战。公元前208年，赵

王歇被秦军将领王离率领二十万大军围困在巨鹿（今河北平乡），无奈之下派使者向楚怀王求援。当时秦军十分强大，没有人敢前去迎战。项羽为报秦军杀父之仇主动请缨，于是楚怀王便封项羽为上将军，率军五万以解巨鹿之困。

项羽先派遣部将英布、蒲将军率领两万人为先锋，渡过漳河，切断秦军运粮通道。然后，项羽亲率全部主力渡河，并下令全军将士破釜沉舟，每人只携带三天的干粮，以示决一死战之决心。项羽对将士们说："我们这次出兵巨鹿，有进无退，三天之内，一定要打败秦军。"

油画《巨鹿之战》

项羽破釜沉舟的决心和勇气，极大地鼓舞了将士们的士气。楚军个个士气振奋，以一当十，奋勇死战，九战九捷，大败秦军。此时，齐、燕等各路援军也冲出营垒助战，最后俘获了秦军统帅王离，杀了其副将，巨鹿之困因而得解。

此战历时近一年，项羽率楚军以破釜沉舟、义无反顾的精神，用分割截击等战法全歼秦军主力，为西路刘邦军攻取关中创造了有利条件，为推翻秦朝暴虐统治作出了巨大贡献。

◆垓下之战

汉五年十二月，刘邦、韩信、刘贾、彭越、英布等五路大军于垓下（今安徽灵璧南，一说今河南淮阳、鹿邑间）基本完成了对10万楚军的合围。刘邦立刻任命韩信为联军统帅，指挥大军作战。韩信命刘贾、英布军自南将楚军外围出路全部封闭，命彭越军自北封闭通路，韩信亲自率军30万与刘邦本部军主力合成一股，向困守垓下的10万楚军发起进攻，展开决战。

韩信30万主力与刘邦本部军20多万合成一股，排出五座连阵，向盘距于垓下困守的十万楚军发起了最后的进攻。韩信将主力大军排出了这样一个阵形：韩信亲率30万大军居中，为前锋主力；将军孔熙率军数万在韩信军左方；陈贺率军数万在韩信军右方；刘邦率本部主力尾随韩信军跟进，将军周勃率军断后。而项羽方面，对于楚军而言，现在的情况既不能守，也不能退。后勤断绝、无粮而守，无异于坐以待毙，等死！就这样，战斗打

垓下之战

响了。战至下午，汉军中军一退再退，左右两军迂回急进，终于完成了前后夹击之势。汉军左右军随之投入了对楚军后方侧翼的进攻，以紧密的阵形两面压来，迅速合围了落在后面的楚军步兵。当得知左右军完成迂回并发动了对楚军后方步兵的进攻之时，韩信随即组织反击，并将刘邦主力以及所剩的全部中军投入反冲击。随后，韩信率领全军收拢此前被楚军冲散的部队全数压上，彻底包围了楚军大营。此间还歼灭了被打散的两万余楚军，没有给项王收拢散兵的机会。垓下决战到此结束。

垓下之战中，汉军适时发起战略追击，积极调集援兵，多路围攻，以绝对优势兵力全歼楚军，创造了中国古代大规模追击战的成功战例。垓下之战，是楚汉相争中决定性的战役，它既是楚汉相争的终结点，又是汉王朝繁荣强盛的起点，更是中国历史上具有里程碑意义的转折点，它结束了秦末混战的局面，统一了中国，奠定了汉王朝四百年基业。垓下之战因其规模空前，影响深远而被列为世界著名古代七大战役之一，有“东方的滑铁卢”之誉。

◆赤壁之战

曹操基本统一北方后，作玄武池训练水兵，并对可能动乱的关中地区采取措施，随即于建安十三年七月出兵十多万南征荆州（约今湖北、湖南），欲一统南北。曹操取得江陵后，又将刘表大将文聘为江夏太守，仍统本部兵，镇守汉川（今江汉平原）。益州牧刘璋也遣兵给曹操补军，开始向朝廷交纳贡赋。曹操更加骄傲轻敌，不听谋臣贾诩暂缓东下的劝告，送信恐吓孙权，声称要决战吴地。冬天，亲统军顺长江水陆并进。

孙刘联军在夏口部署后，溯江迎击曹军，遇于赤壁。曹军步骑面对大江，失去威势，新改编及荆州新附水兵，战斗力差，又逢疾疫流行，以致初战失利，慌忙退向北岸，屯兵乌林（今湖北洪湖境），与联军隔江对峙。曹操下令将战船相连，减弱了风浪颠簸，利于北方

赤壁之战

籍兵士上船，欲加紧演练，待机攻战。周瑜鉴于敌众己寡，久持不利，决意寻机速战。部将黄盖针对曹军“连环船”的弱点，建议火攻，得到赞许。黄盖立即遣人送伪降书给曹操，随后带船数十艘出发，前面10艘满载浸油的干柴草，以布遮掩，插上与曹操约定的旗号，并系轻快小艇于船后，顺东南风驶向乌林。接近对岸时，戒备松懈的曹军皆争相观看黄盖来降。此时，黄盖下令点燃柴草，各自换乘小艇退走。火船乘风闯入曹军船阵，顿时一片火海，迅速延及岸边营屯。联军乘势攻击，曹军伤亡惨重。曹操深知已不能挽回败局，下令烧余船，引军退走。联军水陆并进，追击曹军。曹操引军离开江岸，取捷径往江陵，经华容道（今潜江南）遇泥泞，垫草过骑，得以脱逃。曹操留曹仁守江陵，满宠屯当阳，自还北方。

赤壁之战，曹操自负轻敌，指挥失误，加之水军不强，终致战败。孙权、刘备在强敌面前，冷静分析形势，结盟抗战，扬水战之长，巧用火攻，创造了中国军事史上以弱胜强的著名战例。

◆淝水之战

淝水之战发生在合肥市肥西县以北的东记河上。淝水邻近安徽寿县，又作肥水，源出肥西、寿县之间的将军岭。东晋时，谢安、谢玄败苻坚于淝水。东晋的淝水之战，是我国历史上著名的一个以弱胜强的战例。

淝水之战

公元383年8月，苻坚亲率步兵60万、骑兵27万、羽林郎（禁卫军）3万，共90万大军从长安南下，同时，苻坚又命梓潼太守裴元略率水师7万从巴蜀顺流东下，向建康进军。近百万行军队伍“前后千里，旗鼓相望。东西万里，水陆齐进。”苻坚骄狂地宣称：“以吾之众旅，投鞭于江，足断其流。”东晋王朝在强敌压境，面临生死存亡的危急关头，以丞相谢安为首的主战派决意奋起抵御。经谢安举荐，晋帝任命谢安之弟谢石为征讨大都督，谢安之侄谢玄为先锋，率领经过7年训练，有较强战斗力的“北府兵”80 000人沿淮河西上，迎击秦军主力。派胡彬率领水军5000人增援战略要地寿阳（今安徽寿县）。又任命桓冲为江州刺史，率10万晋军控制长江中游，阻止秦巴蜀军顺江东下。

由于秦军紧逼淝水西岸布阵，晋军无法渡河，只能隔岸对峙。谢玄就派使者去见苻融，用激将法对他说：“君悬军深入，而置阵逼水，此乃持久之计，非欲速战者也。若移阵少却，使晋兵得渡，以决胜负，不亦善乎？”秦军诸将都表示反对，但苻坚认为可以将计就计，让军队稍向后退，待晋军半渡过河时，再以骑兵冲杀，这样就可以取得胜利。苻融对苻坚的计划也表示赞同，于是就答应了谢玄的要求，指挥秦军后撤。但秦兵士气低落，结果一后撤就失去控制，阵势大乱。谢玄率领8000多骑兵，趁势

淝水之战旧址

抢渡淝水，向秦军猛攻。朱序则在秦军阵后大叫："秦兵败矣！秦兵败矣！"秦兵信以为真，于是转身竞相奔逃。苻融眼见大势不妙，急忙骑马前去阻止，以图稳住阵脚，不料战马被乱兵冲倒，被晋军追兵杀死。失去主将的秦兵越发混乱，彻底崩溃。前锋的溃败，引起后续部队的惊恐，也随之溃逃，形成连锁反应，结果全军溃逃，向北败退。秦军溃兵沿途不敢停留，听到风声鹤唳，都以为是晋军追来。晋军乘胜追击，一直到达寿阳附近的青冈。秦兵人马相踏而死的尸体满山遍野，充塞大河。苻坚本人也中箭负伤，逃回至洛阳时百万大军仅剩10余万。

◆鄱阳湖之战

鄱阳湖之战，是元朝末年朱元璋和陈友谅为争夺南部中国在鄱阳湖水域而进行的一次战略决战，是中国古代水战史上的典范，决战以朱元璋的完全胜利而告终。

至正二十三年（1363年）2月，张士诚派兵围攻小明王的最后据点安丰。小明王向朱元璋告急求援。安丰是应天的屏障，救安丰即是保应天，朱元璋于是于3月率兵渡江救援安丰。4月，陈友谅趁朱军主力救援安丰，江南空虚之机，以号称60万的水陆大军于11日围攻洪都，占领吉安、临江、无为州。陈军登陆后，用各种攻城器械从四面八方向洪都城发起猛攻。守城朱军浴血奋战，死守洪都，坚持月余。七月初六，朱元璋亲率水军20万，往救洪都。16日进抵湖口。首先派兵守住泾江口（今安徽宿松南），另派一军屯于南湖嘴（今江西湖口西北），切断陈友谅归路；又派兵扼守武阳渡（今江西南昌县东），以防陈军逃跑；朱元璋则亲率水师由松门（今江西都昌南）进入鄱阳湖，形成关门打狗之势。陈友谅听说朱元璋大军来援，即撤洪都之

鄱阳湖之战

围，东出鄱阳湖迎战。一场规模空前激烈异常的生死大决战，就此在鄱阳湖面展开。

22日，朱元璋亲自率领水师出战。朱元璋及时采纳了部将郭兴建议，决定改用火攻破敌。一时烈焰飞腾，湖水尽赤，转瞬之间烧毁陈军数百艘巨舰，陈军死伤过半，陈友谅的两个兄弟及大将陈普略均被烧死。朱元璋挥军乘势发起猛攻，又毙敌2000余人。23日，双方又有交锋，陈友谅瞅准朱元璋的旗舰展开猛攻。朱元璋刚刚移往他舰，原舰便被陈军击碎。24日，朱军发起猛烈攻击。最后，陈军不支败退，遗弃的旗鼓器仗，浮蔽湖面。陈友谅只得收拢残部，转为防御，不敢再战。当天晚上，朱元璋乘胜进扼左蠡（今江西都昌西北），控制江水上游，陈友谅亦退保诸矶（今江西星子南）。

两军相持三天，陈军屡战屡

败，形势渐转不利。陈友谅两员大将见大势已去，于是投降了朱元璋，陈军内部军心动摇，力量更加削弱。陈友谅又气又恼，下令把抓到的俘虏全部杀掉以泄愤。而朱元璋却反其道而行之，将俘虏全部送还，并悼死医伤，瓦解陈军士气，从而大得人心。陈军内部分崩离析，士气更加低落。朱元璋判断陈军可能突围退入长江，乃移军湖口，在长江南北两岸设置木栅，置大舟火筏于江中，又派兵夺取蕲州、兴国，控制长江上游，堵敌归路，待机歼敌。经过一个多月的对峙，陈友谅被困湖中，军粮殆尽，计穷力竭。于是孤注一掷，冒死突围。8月26日，由南湖嘴突围，企图进入长江退回武昌。行至湖口时，朱军以舟师、火筏四面猛攻，陈军无法前进，复走泾江，又遭伏兵阻击，左冲右突，打不开生路，陈友谅中箭而死，军队溃败，5万余人投降。至正二十四年（1364年）2月，朱元璋攻下武昌，陈友谅儿子陈理投降，朱元璋的势力扩大到原陈友谅的所属地区。

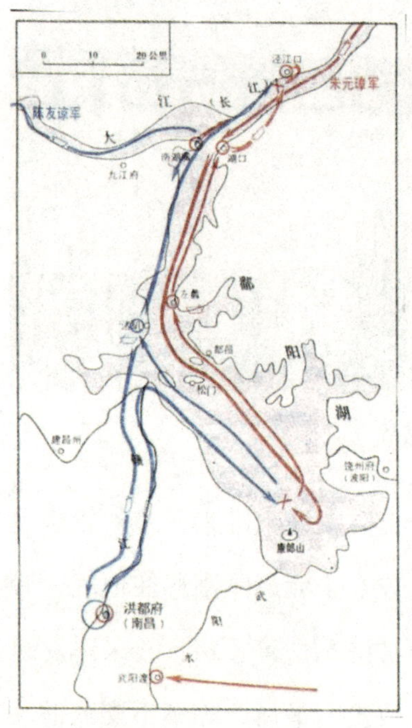

鄱阳湖之战示意图

朱元璋之所以能以少胜多，以弱胜强，以小胜大，正是他巧妙利用了陈友谅犯错的结果。面对舰只庞大、装备精良的陈军，朱元璋冷静、敏捷地捕捉到敌方的弱点和失误，化不利为有利。进入湖口之初，就在武阳水与鄱阳湖、长江与

朱元璋画像

鄱阳湖各隘口，层层派兵扼阻，限制其兵力展开，阻止其发挥多兵大舰的优势，形成了对陈友谅的战略包围，因此从开始便掌握了战略主动权。然后又集中大部分战船和兵力逐次打击陈军，并善于利用风向、水流等自然条件，及时抢占有利攻击阵位，不失时机地实施火攻，充分发挥火器的作用，终于以少胜多、以小击大、以弱胜强，创造了我国水战史上的著名战例。

◆萨尔浒之战

万历四十六年（1618年），明朝任命兵部左侍郎杨镐为辽东经略，调集军队，筹措兵饷，准备进军赫图阿拉，消灭努尔哈赤。经过数月的筹划，万历四十七年2月，杨镐坐镇沈阳，命兵分四路围剿后金，会师赫图阿拉。北路由总兵马林率领，从开原出，经三岔口，过尚间崖，进攻苏子河；西路由总兵杜松统领，出抚顺关向西，直驱赫图阿拉；南路由总兵李如柏统帅，出清河，过雅鹘关，直攻赫图阿拉；东路由总兵刘铤指挥，出宽甸，从东面捣后。明兵四路计9万余众，号称47万大军。

面对明军四路围攻，努尔哈赤采取了李永芳的“凭你几路来，我只一路去”的作战方针，集中八旗兵力，打歼灭战。首先，以八旗精锐迎击欲立首功的明军主力杜松部。三月初一，双方对峙在萨尔浒（今辽宁抚顺东）山。努尔哈利用杜松派兵袭击界凡之时，猛攻萨尔浒明军，明兵溃败，勇而无谋、刚愎自用的杜松战死。接着，努尔哈赤挥兵北至尚间崖，击败马林部，马林逃往开原，叶赫兵仓惶撤退。

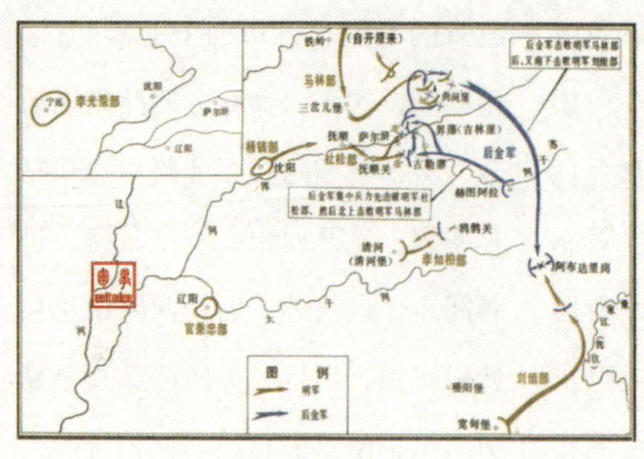

萨尔浒之战

这时，努尔哈赤又回师南下，诱敌深入，在阿布达里岗，围歼刘铤东路军，刘铤阵亡，姜功烈所部朝鲜兵投降。杨镐闻知三路军惨败，急令南路军李如柏撤回。努尔哈赤用了5天时间打了一场漂亮的歼灭战，明军文武将吏死者310多人，士兵身亡者45 800余人，亡失马驼甲仗无数。

这就是历史上著名的“萨尔浒之战”，也是关系到后金与明兴亡的关键一仗。萨尔浒战役是集中使用兵力、选择有利的战场和战机，连续作战、速战速决、各个击破，在战略上以少胜多的典型战例。这场战斗，充分显示了努尔哈赤机动灵活的指挥才能和后金将士的勇猛战斗作风，在5天之内，在3个地点进行了3次大战，战斗前部署周密，战斗中勇敢顽强，战斗结束后迅速脱离战场，立即投入新的战斗。结果，后金大胜，明军惨败。这次战斗对双方都是十分关键的一仗，从此，明朝的力量大衰，它阻碍女真各部统一发展的政策彻底失败，不得不由进攻转入防御；而后金的力量大增，它的政治野心和掠夺财富的欲望随之增长，由防御转入了进攻。

第六章 著名军事家

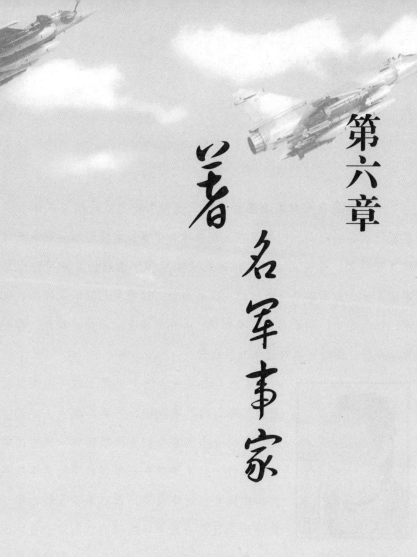

军事家是具有对军事活动实施正确指引能力或是擅长具体负责军事行动实施的人。一般而言，能被称为军事家者多为军队最高统帅或高级将领；笼统而言，战略家、战术家和军事理论家都可称为军事家。要成为军事家并非一朝一夕的事情，这需要长期研究战略、战术，熟悉兵法，积累大量军事知识，并在战场上运用这些知识，指导军队获胜，同时还要对战争后果负责。

西汉军事家韩信

在很久之前的古代，世界上的一些国家就开设了专门的军事院校，培养军事人才。目前世界上的一些国家也拥有军事院校，像中国的黄埔军校（后来随蒋介石率领的国民党军队在内战中战败，退守台湾，黄埔军校也随之搬迁到台湾。目前中国军事院校的最高学府是中国人民解放军国防大学、美国的西点军校、英国的桑赫斯特皇家军事学院和俄罗斯的伏龙芝军事学院，并称为世界四大军校。世界军事史上著名的军事家有亚历山大、汉尼拔、拿破仑、恺撒、西庇阿、托洛茨基等。我国军事史上著名的军事家有吕尚、孙武、曹操、吴起、孙膑、白起、韩信、成吉思汗、朱德等。

西方著名军事家

◆亚历山大

亚历山大（公元前356—前323年），古代马其顿国王，世界古代史上著名的军事家和政治家。欧洲历史上最伟大的军事天才，马其顿帝国最负盛名的缔造者。他足智多谋，雄才伟略，骁勇善战，在统治马其顿王国的短短13年中，以其雄才大略，东征西伐，领军驰骋欧亚非三大陆。先是确立了其在全希腊的统治地位，后又灭亡了波斯帝国。在横跨欧、亚、非的辽阔土地上，建立起一个西起希腊、马其顿，东到印度河流域上游，南临尼罗河第一瀑布，北至中亚的药杀水（今锡尔河）的以巴比伦为首都的庞大帝国。他创下了前无古人的辉煌业绩，促进了东西方文化的交流和经济的发展，使古希腊的文明发扬远播，对人类社会的发展产生了重大的影响。

亚历山大

公元前336年夏，亚历山大之父、古代马其顿国王腓力二世在女儿的婚礼上突然遇刺身亡，刚满20岁的亚历山大继承了王位。被腓力二世所征服的希腊各城邦国和色雷斯、伊利里亚等地的一些部落纷纷趁机叛乱或宣布独立。年轻的统帅亚历山大首先率军进至巴尔干半岛北部，征服了背叛自己的伊利里亚诸部落，把色雷斯人击退至多瑙河滨。在消灭了底比斯后，希腊诸城邦望风归顺，纷纷表示臣服。随后雅典也表示臣服，并恳求宽恕。没过多久，各邦国又统一在亚历山大的领导之下，承认亚历山大为最高统帅。从此，亚历山大再无后顾之忧，开始大展宏图，并组织对东方的远征。

亚历山大东征历时10年，行程逾万里，消灭了波斯帝国，在西起巴尔干半岛、尼罗河，东至印度河这一广袤地域，建成幅员空前的亚历山大帝国。亚历山大在东侵过程中，沿途建了许多新城，有好几座是以他自己的名字命名的，最著名的是埃及北部沿海的亚历山大城，如今已经发展为埃及最大的海港。亚历山大建都巴比伦之后便开始部署入侵阿拉伯的规划。但是在公元前323年，他发烧死去，靠武力征服建立起来的庞大的亚历山大帝国也随之瓦解。帝国被他的四位将领瓜分，其中多利买将军在南面统治了埃及、巴勒斯坦；西流基将军在东面统治了叙利亚、地中海一带；卡幸达将军在西统治了马其顿和希腊一带；吕西马吉将军在北统治了小亚细亚、土耳其一带。庞大的亚历山大帝国就此败落。

◆恺　撒

恺撒出身于罗马的名门贵族，他年轻时就渴求取得罗马的最高权力。为此他学习讲演和写作技巧，后来成为一位出色的演说家。他的努力使他成为当时知识最渊博的人物之一。公元前60年，他和罗马另外两个统帅庞培和克拉苏结成反对元老贵族的秘密同盟，这是罗马历史上有名的第一次“三头执政”。为了巩固这一同盟，恺撒把自己的女儿嫁给了庞培，尽管她当时已与别人订过婚。第二年，恺撒当选为执政官，再过一年，恺撒担任了高卢行省的总督。

恺 撒

在高卢，恺撒征服了骁勇强悍的高卢民族，在不到10年的时间内，他占领了800多个城市，歼灭和俘虏了200万人，使高卢成为罗马的行省。恺撒还把罗马的边境推进到莱茵河岸。不久，他又越过海峡攻入不列颠岛（现在的英国）。恺撒的显赫战功和卓越的军事才能，使他在罗马人中的威望日益高涨。这使庞培感到嫉妒和不安。恰好这时克拉苏在远征波斯的时候死了，庞培便利用自己的权力颁布法律，要解除恺撒的兵权，命令他立即从高卢返回罗马。恺撒知道这是庞培的阴谋，他经过深思熟虑，决定带领军队打回罗马，趁机夺取罗马的最高权力。

公元前49年初，恺撒率师打回罗马。庞培没有料到恺撒会如此果断进攻罗马，他迎战不及，仓皇逃往希腊。恺撒进入罗马，成为罗马的“独裁者”，随后又得到统治整个意大利半岛的权力。第二年恺撒率军进攻希腊，讨伐庞培。庞培被

打败，逃到了埃及。恺撒又追到埃及，埃及国王为讨好恺撒，派人刺杀了庞培。埃及国王把庞培的首级和戒指献给他。看着庞培苍白而熟悉的面孔，恺撒流出既感伤又欣慰的泪水。他为昔日的同盟和女婿、今日的敌人举行了正式的葬礼并追杀了谋害庞培的凶手。

随后，恺撒征服埃及，并娶了埃及女王。恺撒又率军进入小亚细亚，只用了5天的时间，就平定了庞培部下本都王子的叛乱。他用最简洁的拉丁文字写了捷报送回元老院："到，见，胜"（veni，vidi，vici），这就是历史上著名的"三V文书"。在埃及女王和他们的儿子小恺撒的陪同下，恺撒班师凯旋，回到罗马，全罗马都沉浸在狂欢之中。人民大会和元老院授予恺撒终身荣誉头衔——"大将军"和"祖国之父"。公元前44年3月15日，恺撒只身一人到元老院开会，随后被人暗杀。

恺撒留下了一个强大的中央集权帝国，还有一部他决定采用的历法——儒略历，这部历法就是现在大多数国家通用的公历的前身。恺撒死后，西方帝王往往用他的名字，来作为自己的头衔。人们称他是历史上才干卓绝、仁慈大度的君主的楷模，认为他是一位出类拔萃的真正的政治家。他对人民的安抚政策有效地治愈了战争给罗马带来的创伤，是恺撒使罗马帝国成为古代最负盛名的帝国。

◆阿提拉

阿提拉（公元406—453年），古代欧亚大陆匈奴人最伟大的领袖和皇帝，史学家称之为"上帝之鞭"。由于阿兰人与东哥特人的降服，以及西哥特人的流亡，匈奴人成为从乌拉尔山到喀尔巴阡山之间所有大平原的主人。占领了喀尔巴阡山的瓦拉吉亚平原之后，凶奴人们紧接着又占领了匈牙利平原，将

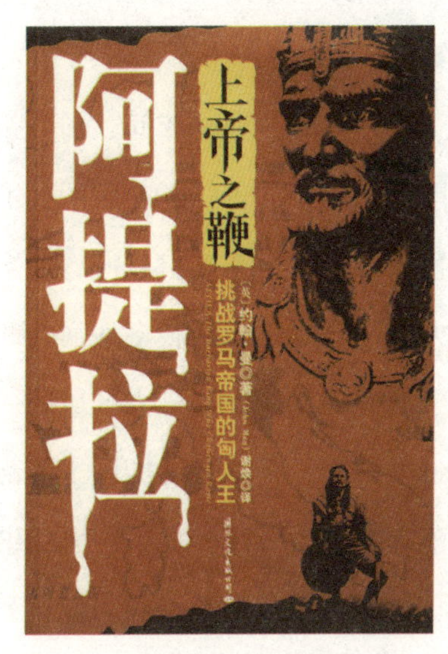

上帝之鞭——阿提拉

格比德人变成了他们的属民。在那里，他们将领地扩充到多瑙河的南岸。此时，他们分作三个游牧部落，由三个领袖（三个兄弟）统治着，分别是罗干思、孟卓克及韩克答儿。公元425年，他们同时在位。公元434年，孟卓克的两个儿子布列达与阿提拉成为统治者，但很快阿提拉就除掉了布列达。

从此，阿提拉便开始了他的征服之路。公元441年，他向东罗马帝国宣战，渡过多瑙河，夺取了塞尔维亚的埃苏斯城，抢掠了菲力波波利，蹂躏了色雷斯，并抢劫了阿喀迪鄂波利。公元448年，东罗马帝国与阿提拉签定和约，割让从多瑙河到尼什高地的一块长方形土地（现在的贝尔格莱德与乞思朵洼之间）给他。

公元451年1~2月间，阿提拉在匈牙利平原集中兵力，率军出征高卢，在到达莱茵河北岸时与日耳曼人会合。渡过莱茵河之后，他进攻罗马帝国的高卢（当时由罗马贵族艾茨统治）。同年4月7日，他焚毁了梅斯，进而包围奥尔良。6月14日，由于艾茨所率领的罗马帝国军队和国王狄奥多里所率领的西哥特军队同时进行抵抗，奥尔良被解围。在特罗耶以西的莫里亚库斯的一场势均力敌的战役中，阿提拉又被罗马人与西哥特人挡了回去。可以说是这次战役（公元451年6月底）拯救了西方世界。

在这次失败后，阿提拉且战且退，一直退到多瑙河，并在那里

度过了冬天。第二年春季，他入侵意大利。在长时间围攻阿乞烈后，终于攻克该城，并进入城内进行破坏。夺取米兰和巴威亚后，阿提拉立即宣称要进军罗马。当时罗马的皇帝瓦伦丁三世已经逃走了。不过，阿提拉被罗马圣来奥大主教说服，没有向罗马推进。在接受罗马的贡物，并和凯撒的一个公主敬诺里亚结婚（公元452年7月6日）之后，阿提拉重新回到班诺尼亚，并于第二年去世。

阿提拉

公元448年至450年间，匈奴帝国在阿提拉的带领下，版图到了盛极的地步：东起自咸海，西至大西洋海岸；南起自多瑙河，北至波罗的海。在这广大区域的一带附属国，都有自己的国王和部落酋长，平日向阿提拉称臣纳贡，战时出兵参战。在阿提拉死后，他的帝国迅速瓦解消失，使他在欧洲历史中更富传奇性。在西欧，他被视为残暴及抢夺的象征，但同时亦有历史记载形容他是一个伟大的皇帝，尤见于古北欧的萨伽文献记载中。

◆拿破仑

拿破仑·波拿巴（1769—1821年），法兰西第一共和国第一执政（1769—1804年），法兰西第一帝国及百日王朝的皇帝（1804—1814年，1815年），法兰西共和国近代史上著名的军事家、政治家，曾经占领过西欧和中欧的大部分领土，使法国资产阶级革命的思想得到了更为广阔的传播，在位前期是法国人民的骄傲，直至今日一直受到法国人民的尊敬与爱戴。

拿破仑1769年出生于科西嘉岛阿雅克修城的一个破落贵族家庭。1779年，在法国布里埃纳军校学习军事。1784年，升入巴黎军官学校，毕业后被任命为瓦朗斯炮兵团少尉军官，时年仅16岁。1789年，法国爆发了资产阶级革命，拿破仑同情革命，一时成为雅各宾派的拥护者。1795年10月4日，巴黎发生保王党人的武装叛乱。督政官巴拉斯请来拿破仑帮助平息叛乱。拿破仑用大炮一举击垮了叛乱者，挽救了危局。督政府晋升拿破仑为陆军中将、巴黎卫戍司令。一夜之间，穷困潦倒的拿破仑成为军界和政界无人不晓的大人物。1796年3月2日，年仅26岁的拿破仑被任命为法国意大利军司令官，从此开始了独立作战的生涯。

1799年8月22日，拿破仑看到国内局势急转直下，人民怨声载

拿破仑

道，认为时机已到，立即率亲信离开埃及，返回巴黎。1799年11月9日，拿破仑发动了雾月政变成功，成为第一执政。1800年6月14日，拿破仑在马伦哥大败奥地利军，迫使第二次反法同盟解体。拿破仑利用欧洲大陆短暂的和平，励精图治，发展国力，一时间法国出现了繁荣昌盛的局面。1802年5月，经全民投票通过，拿破仑成为“终身执政”，集行政、司法、立法大权于一身，为向帝制过渡铺平了道路。1804年5月18日，拿破仑黄袍加身，宣告自己为法兰西第一帝国的皇帝，称号为“拿破仑一世”。

1805年8月9日，奥、英、俄结成第三次反法同盟，拿破仑率军东进应战，取得了乌尔姆、奥斯特里茨等大战的胜利，俄皇、奥帝狼狈而逃。拿破仑乘胜在南德、中德、西德各诸侯国组成“莱茵同盟”，把它置于自己的保护之下。1806年秋，英、俄、普等国组成第四次反法同盟。10月1日，普鲁士率先对法宣战。14日一天当中，法军同时在耶拿和奥尔斯塔特打了两个漂亮仗，普军几乎全军覆没。10月27日，法军进占柏林，海涅曾夸张的说：“拿破仑一口气，吹去了普鲁士。”接着，法国东击俄军。1807年6月14日，拿破仑在弗里德兰大败俄军，俄皇被迫求和。为了窒息英伦三岛，严格实行“大陆封锁”政策，1807年10月，拿破仑发动了征

拿破仑

服伊比利亚半岛战争。法军入侵激起岛上人民的强烈反抗，法军很快陷进了民众战争的泥潭难以自拔。

1809年初，因对付普、奥等国的第五次反法同盟，拿破仑不等西班牙战事结束，就匆匆率兵一部回国，东征奥地利。拿破仑凭着他那钢铁般的意志，转败为胜，迫使奥地利再一次割地求和。1810年3月，拿破仑娶奥国公主玛丽亚·路易莎为妻，拿破仑帝国达到极盛时期。可是，这个欧洲枭雄最得意的时刻也是其霸业发生决定性逆转的时刻。1812年，拿破仑集兵50万远征俄罗斯，长驱直入，直捣莫斯科城。然而，俄国的严寒气候和当地军民的抗法斗争终于使法军大败而归。

1813年，欧洲第六次反法同盟成立，拿破仑率军40万与联军作战，不料在莱比锡战役中一败涂地，各附庸国及诸小邦乘机起来摆脱法国控制，拿破仑陷入四面楚歌的境地。1814年，联军向法国本土进军。3月30日，巴黎沦陷。4月6日，拿破仑被迫退位，并被放逐到意大利的厄尔巴岛。波旁王朝复辟。然而，这个失败者再次创造了历史上罕见的奇迹，他从戒备森严的厄尔巴岛上逃了出来。1815年3月20日，他不费一枪一弹进占了巴黎，重新登上皇帝宝座，建立了历史上所称的“百日王朝”。欧洲各君主国重新又调集重兵，组成第七次反法同盟军。1815年6月，法军在滑铁卢战役中覆没，拿破仑第二次退位。10月，被流放至圣赫勒拿岛。1821年5月5日，拿破仑在岛上病逝，终年52岁。

◆克劳塞维茨

克劳塞维茨（1780—1831年），德国军事理论家和军事历史学家，普鲁士军队少将。1792年，参加了普鲁士军队。1795年晋升为军官，并自修了战略学、战术学和军事历史学。著有《战争论》一

书。《战争论》的结论是："战争是政治的工具，战争必不可免地具有政治的的特性……战争就其主要方面来说就是政治本身，政治在这里以剑代表，但并不因此就不再按照自己的规律进行思考了。"对于克劳塞维茨的这一论点，列宁曾给予极高评价。列宁称他为"一位非常有名的战争哲学和战争史的作家"。

克劳塞维茨认为"每个时代均应有其特定的战争"，军事学术的变化是由"新社会条件和社会关系"引起的。这些判断是正确的，但他并不理解究竟是什么决定了军事学术的发展，所以他对这一点的解释是相当矛盾的。克劳塞维茨在研究军事学术理论及其组成部分——战略学和战术学方面做了大量工作。他反对军事学术中的"永恒的原则"，认为战争现象是不断发展的。同时，他又否定在军事发展上存在规律性，并且断言"战争是一个充满偶然性的领域，是一个充满不确实性的领域"。

克劳塞维茨

这些观点在德国反动军队中，特别是在法西斯专政时期盛行。现代一些西方思想家仍然推崇这些观点，他们竭力想要证明帝国主义集团挑起和进行的战争和武装冲突与剥削阶级的侵略政策毫不相干，并且把这些战争说成是"全民"的战争，甚至美化为"革命"的战争。现代帝国主义军事思想界竭力想使克劳塞维茨理论遗产中的错误论点适应他们今天的需要，这也证明了西方军事思想的局限性。

◆隆美尔

埃尔温·隆美尔（1891—1944年）出生在德国南部海登姆市一个中学校长家庭。1910年中学毕业后从军，入但泽皇家军官候补学校学习。第一次世界大战期间任连长，先后获得3枚十字勋章。一战后，历任德累斯顿步兵学校战术教员、戈斯拉尔市猎骑兵营营长、波茨坦军事学校教员、维也纳新城军事学校校长等职，因著有《步兵进攻》一书引起希特勒的重视。1938年调任希特勒大本营卫队长，曾陪同希待勒巡视捷克斯洛伐克。

第二次世界大战爆发后，隆美尔作为德国最高统帅部的指挥官之一，受到希特勒的器重。1940年2月，希特勒任命他为第7装甲师师长，并赠予《我的奋斗》一书。5~6月间，在德军闪击西欧的侵略战争中，隆美尔指挥装甲第7师冲在最前面，先克比利时，接着是阿拉斯、索姆，最后直捣法国西海岸，被法国人称之为“魔鬼之师”。

1941年2月，希特勒又任命隆美尔为“德国非洲军”军长，前往北非援救一败涂地的意大利军队。他到达北非的黎波里前线后，立即作了一次侦察飞行，得出了“最好的防御就是进攻”的结论。于是他改变“固守防线”的命令，指挥他的装甲部队冒着沙漠风暴勇猛穿插，全速前进。英军猝不及防，节节败退。德军直逼亚历山大和苏伊士。隆美尔因此名声大振，赢得了“沙漠之狐”的美名，并被晋升为元帅。后来，德军主力被牵制在苏德战场，希特勒不

沙漠之狐——隆美尔

肯抽兵援助北非前线，致使隆美尔不得不停止进攻转而在阿莱曼进行防守。

1942年11月，隆美尔以其仅有的5万军队和550辆坦克在阿莱曼地区抗击蒙哥马利的19.5万军队和1029辆坦克，终因寡不敌众而惨遭失败。1943年3月，隆美尔奉召回德国大本营。同年7月调任驻北意大利的陆军“B”集团军群司令。1943年12月至1944年7月，他率陆军“B”集团军群在法国组织防御，指挥抵抗诺曼底登陆战役。随后，德国发生了行刺希特勒未遂事件，隆美尔受到株连。1944年10月14日，由于希特勒派人逼迫，他在一辆小轿车中服毒自尽，而对外宣布的消息，则是“隆美尔陆军元帅在途中中风去世”。

◆巴　顿

乔治·巴顿（1885—1945年），美国陆军四星上将。他作战勇猛顽强，指挥果断，富于进攻精神，善于发挥装甲兵优势实施快速机动和远距离奔袭，被部下称为“血胆老将”。与同样满嘴骂人字眼、在战场上大胆泼辣的海军五星上将哈尔西相比，巴顿实为貌似大胆真小心。巴顿所做的一项改革迄今仍影响美军，即随军牧师主日讲道时间不得超过15分钟。

巴顿生于加利福尼亚州南部雷克维尼亚德一个军人世家。1909年毕业于美国西点军校，1911年12月调入位于迈尔堡的陆军参谋部任职。1912年夏季参加了在瑞典首都斯德哥尔摩举行的第五届夏季奥运会，取得五项全能项目的第五名。同年底在陆军参谋部办公室临时任职，一度担任陆军参谋长伦纳德·伍德和陆军部长亨利·史汀生的副官。在此期间在《陆海军杂志》上撰文建议改进骑兵军刀获得采纳，他设计的2万把“巴顿剑”被配发到美国陆军部队，使他初

乔治·巴顿上将

扬其名。1913年夏自费赴法国学习剑术。1916年任潘兴将军的中尉副官，两年后升任上校。1917年随潘兴赴法参战，组建了美国第一支坦克部队。1939年奉命组建装甲旅，晋升为准将。1942年任第一装甲军军长、少将军衔，同年8月率4万铁骑渡大西洋登陆北非。1943年与英国将军蒙哥马利联手取得阿拉曼战役胜利，肃清了北非德军后，晋升为中将，任第一集团军司令，指挥了登陆意大利西西里岛战役。1944年任第三集团军司令，作为第二梯队参加诺曼底登陆，利用闪击战率军横扫欧洲，直至奥地利，9个月歼敌140万，解放大小城镇1.3万座，且相对伤亡最小。第二次世界大战后巴顿被擢升四星上将，任巴伐利亚洲军事长官和15集团军司令。1945年12月9日，他在打猎途中遇车祸不治，殁于海德堡。

巴顿是一位充满传奇色彩的人物，他的一生呈现出鲜明的个人性格特点，也引起世人的不同评论。很多人认为他是“一位统率大军的天才和最具进攻精神的先锋官”和“二十世纪的拿破仑”；但也有人认为他“勇猛有余、智谋不足”“骄傲自大、华而不实”。军事学者指出：“作为统帅人物，巴顿将军的最大特点就是以他自己的尚武精神去激励部下，用他的个性去影响部下在战场上奋勇向前。”

◆朱可夫

朱可夫（1896—1974年），前苏联军事家，苏联元帅。第二次世界大战期间，他先后指挥了列宁格勒保卫战、莫斯科保卫战、斯大林格勒会战等战役，成功地粉碎了德国的侵略，并率领苏联红军攻占柏林。朱可夫为苏联卫国战争和世界反法西斯战争做出了突出贡献，成为俄罗斯民族英雄而被载入史册。朱可夫成为战场上胜利的象征，为后人所敬仰。朱可夫是卓越的军事战略家，功勋卓著，先后获得列宁勋章6枚，十月革命勋章1枚，红旗勋章3枚，一级苏沃洛夫勋章2枚，“胜利”最高勋章2枚，以及奖章和外国勋章多枚，并4次荣获“苏联英雄”称号。

朱可夫生于卡卢加州斯特列尔科夫卡村一个贫苦家庭。朱可夫曾在莫斯科学徒，并于1915年应召进入沙俄军队骑兵团。第一次世界大战之中，朱可夫曾因作战勇敢两次获得圣乔治十字勋章，并被提升为军士。十月革命后他加入了布尔什维克。在一次遭遇战中，他率100人对战2000人并且坚守了阵地七个小时。1930年升为旅长。1939年5月诺门坎战役爆发，在朱可夫指挥下，苏联军队大量使用装甲兵，进行闪电战似的立体机动作战，最终合围日军，取得胜利。这一战役在一定程度上使得日本放弃了北进的意图，而将主要用兵方向定在东南亚，使得苏联在第二次世界大战中避免了腹背受敌的局面。朱可夫因

朱可夫

在这次战役中的杰出指挥被授予苏联英雄称号。1940年朱可夫被授予大将军衔，随后被任命为苏军总参谋长。

1941年6月22日德军入侵苏联，苏德战争爆发。战争初期苏军溃败，朱可夫签署了要求苏联红军立即组织反击的命令，但没有效果。德军长驱直入后，重点进攻基辅。朱可夫经过判断，提出应该撤出基辅，避免被德军合围而引起更大损失。当时斯大林没有采纳他的建议，结果造成基辅战役中66万苏军被围歼的悲剧。而朱可夫在担任预备队方面军司令员后，率领该方面军在叶利尼亚地区成功实施了叶利尼亚反击战，消灭了德军的先头部队，稳定了当地的战线。9月，列宁格勒告急。朱可夫被召回莫斯科，被任命为大本营代表，前往列宁格勒，从此拉开了他各地协调指挥的序幕，他也因此被戏称为“消防队长”。朱可夫到达列宁格勒之后，当即中止了正在研究撤退方案的会议，毫不留情地撤换了两个集团军司令，逮捕和处决了一些擅自撤退的军官，并迅速拟定了守城计划。他通过自己坚强的意志带动下属，合理利用了有效的兵力进行重点防御与反击，稳住了防线。

1941年10月，德军大举进攻莫斯科，朱可夫调回莫斯科代替铁木辛哥组织莫斯科保卫战。12月，保卫战结束，德军退出莫斯科周边地区。1943年初，他与伏罗希洛夫元帅一起作为最高统帅部代表协调列宁格勒方面军和沃尔霍夫方面军突破德军对列宁格勒的封锁，战役胜

朱可夫元帅

利后，他晋升为苏联元帅。同年夏季，他作为最高统帅部代表协调库尔斯克战役；但前线总指挥罗科索夫斯基后来回忆说朱可夫并未参与库尔斯克战役的决策，他的作用被后人夸大了。1944年，朱可夫作为最高统帅部代表协调组织了代号为“巴格拉季昂”的白俄罗斯战役。1945年，朱可夫作为白俄罗斯第一方面军司令率军攻克柏林，于5月8日深夜主持纳粹德国无条件投降仪式，并代表苏联签字。同年6月24日，在莫斯科红场举行的胜利大阅兵中担任检阅首长。

战后，由于战功显赫和自身性格的缺点，朱可夫遭到斯大林的猜忌，被以“波拿巴主义者”的莫须有罪名——即图哈切夫斯基冤案

红场上的朱可夫铜像

同一名称的罪名——解除了国防部长职务。赫鲁晓夫下台后，朱可夫才又重新被提起。闲居的朱可夫著有《回忆与思考》《在保卫首都的战斗中》《库尔斯克突出部》《在柏林方向上》等军事著作，书中记述了第二次世界大战苏德战场的许多著名战役，并阐述了他的军事思想。1974年，朱可夫去世，葬于红场克里姆林宫墙下。

朱可夫善于运用丰富的实践经验训练军队，具有组织指挥大军团作战的卓越才干；在训练与作战中深入实际，作风果断，深得官兵拥戴。他所组织指挥的重大战役，较好地体现了苏联的军事学术原则。他在军事上的成就，已成了苏联军事学术的宝贵财富。朱可夫在苏联卫国战争中的杰出贡献，使他作为与苏沃洛夫、库图佐夫相提并论的俄罗斯民族英雄而被载入史册。正如艾森豪威尔所赞颂的那样："有一天肯定会有另一种俄国勋章，那就是朱可夫勋章。这种勋章将被每一个赞赏军人的勇敢、眼光、坚毅和决心的人所珍视。"

中国著名军事家

◆孙　子

孙子，兵家，名武，字长卿。后人尊称其为孙子、孙武子。春秋末期齐国乐安（今山东广饶，另一说为山东惠民）人，其生卒年代不详，大约与儒学创始人孔子（公元前551—前479年）属于同时代或略晚。由于贵族家庭给孙武提供了优越的学习环境，孙武得以阅读古代军事典籍《军政》，了解黄帝战胜

四帝的作战经验以及伊尹、姜太公、管仲的用兵史实。加上当时战乱频繁，兼并激烈，他的祖父、父亲都是善于带兵作战的将领，他从小也耳闻目睹了一些战争，这对少年孙武的军事方面的培养是非常重要的。但孙武生活的齐国，内部矛盾重重，危机四伏。孙武认定吴国是他理想的施展才能和实现抱负的地方。孙子便离开齐国，到了南方的吴国，在吴国的都城姑苏（今江苏省苏州市）过起了隐居生活，潜心研究兵法。在吴国，孙子结识了伍子胥。据《吴越春秋·阖闾内传》载，在诸侯争霸中，南方新兴的吴国国君阖闾，为图霸业，欲攻打楚国，但是，一时难以选出合适的将领。伍子胥常与吴王论兵，他曾向吴王推荐说：孙子“精通韬略，有鬼神不测之机，天地包藏之妙，自著兵法十三篇，世人莫知其能。诚得此任为将，虽天下莫敌，何论楚哉！”伍子胥先后七次向吴王推荐孙武，吴王便让伍子胥拜请孙子出山。

孙　子

孙子晋见吴王，呈上所著兵书十三篇。吴王看后，赞不绝口。据有关资料记载，为考察孙子的统兵能力，吴王挑选了180名宫女由孙子操练。这就是人们所传说的孙子“吴宫教战斩美姬”的故事。吴宫操练之后，吴王任命孙子为将军。从此，孙子与伍子胥共同辅佐吴王，安邦治国，发展军力。公元前506年冬，吴国以孙子、伍子胥为将，出兵伐楚。孙子采取“迂回奔袭、出奇制胜”的战法，溯淮河西上，从淮河平原越过大别山，长驱深入楚境千里，直奔汉水，在柏举（今湖北汉川北）重创楚军。接着五战五胜，一举攻陷楚国国都郢。“柏举之战”后，楚国元气大伤，渐渐走向衰落，而吴国的声威则大振，成为春秋五霸之一。吴国不仅成为南方的强国，而且北方的齐、晋等大国也畏惧吴国。对于孙子的历史功绩，司马迁曾在《史记·孙子吴起列传》中写道：“西破强楚，入郢，北威齐、晋，显名诸侯，孙子与有力焉”。

孙武的军事思想具有朴素的唯物论和辩证法特征。他强调战争的胜负不取决于鬼神，而是与政治清明、经济发展、外交努力、军事实力、自然条件诸因素有联系，预测战争胜负主要就是分析以上这些条件如何，这就体现了他朴素的唯物论观点；他不仅相信世界是客观存在的，而且认为世界上的事物都在不停地运动变化着，强调在战争中应积极创造条件，发挥人的主观能动性，促成对立面朝着有利于自己的方向转化，这表明孙武掌握了生动活泼的辩证法。正是因为孙武在军事科学这门具体科

孙武雕像

学中概括和总结出了异常丰富、多方面的哲学道理，才确立了他在春秋末期思想界中与孔子、老子的并列地位，三人被并称为春秋末期思想界上空的三颗明星。

吴　起

◆吴　起

吴起（约公元前440—前381年），战国初期著名的政治改革家，卓越的军事家、统帅、军事理论家、军事改革家，卫国左氏（今山东省定陶，一说曹县东北）人。后世把他和孙子连称为“孙吴”，他著有的《吴子》与《孙子》又合称为《孙吴兵法》，《孙吴兵法》一书在中国古代军事典籍中占有重要地位。

吴起在政治、指导战争诸方面积累了丰富的经验，他把这些经验深化为军事理论。《汉书·艺文志》著录《吴起》48篇，已佚，今本《吴子》六篇（《图国》《料敌》《治兵》《论将》《变化》《励士》），系后人所托。其主要谋略思想是：“内修文德，外治武备”。他一方面强调，必须在国家和军队内部实现协调和统一，才能对外用兵，提出国家如有“四不和”，就不能出兵打仗；另一方面又强调必须加强国家的军事力量。

吴起继承了孙武的“知己知彼，百战不殆”的思想，在《料敌》篇中强调了了解和分析敌情的重要意义，并且具体指出了处于6种情况的国家，不可轻易与其作战。他懂得战争是千变万化的，要根据不同的情况而采取应变的措施。在《应变》篇具体论述了在仓卒间遭遇强敌、敌众我寡、敌拒险坚守、敌断我后路、四面受敌及敌突然进犯等情况下的应急战法和胜敌的策略。吴起进步的战争观、朴素的唯物主义和朴素辩证法的战略战术思想，在我国军事史上占有重要地位。

◆白　起

白起（？—前258年），也叫公孙起，号称“人屠”，战国四将之一（其他三人分别是李牧、廉颇、王翦），战国时期秦国名将。他是中国历史上战功最辉煌的将军，战国时期最为显赫的大将，征战沙场三十余载，六国军队只要听说是他带兵来战都会望风而栗。《史记·范雎蔡泽列传》上记载：所有的国家都不敢与秦战，后面加了一个注释，就是因为秦人有此将军！一个将领能拥有如此威慑力，这在战争史上是很少见的。他为秦国的统一大业立下了不世之功，他的战绩创造了中国兵法的最高实战典范。

白起一生领兵作战无数，共歼灭六国军队100余万，攻六国城池大小70余座。奇迹是，在那个战火连天的岁月，他一生从来没有打过败仗，（各种历史资料表明的确一次也没败过）并且经常以少胜多。白起既是高超的战术家又是高明的战略家。其指挥的战争的规模之

白　起

大，战斗之残酷后世鲜有能比者！何谓战国，就是战争，政治等国家大事都发生在春季和秋季！白起在冬天奇袭魏国河内，开创冬战先例，还是中国军事史上第一次运用步兵大规模攻城战的将军。白起指挥长平之战，全歼赵军，杀赵军40余万（又说共60余万，坑杀降卒40余万）。长平之战既是中国走向统一，改写历史的关键战役，也是世界军事史上最残酷、最壮烈的重大战役，更是中国历史上最早最彻底的围歼战。其规模之大、战果之辉煌，在世界战争史上也是罕见的，是中国大规模地围歼战法先例。

秦、赵在战国中最血性好战，尤其是秦国彻底执行商鞅建立的军功制度，以人头论功劳。所以大将都是在战争中诞生，即便是世家子弟，没有功劳，仍是老兵一个，不可封爵。在这样的环境下，才诞生了白起之类从基层将领一步一步凭战功走向辉煌的一代战神！

◆韩　信

韩信（约公元前228—前196年），淮阴（今江苏省淮安市淮阴区）人。西汉开国功臣，初属项羽，后归刘邦，中国历史上伟大军事家、战略家、统帅和军事理论家，中国军

韩　信

事思想“谋战”派代表人物。

韩信熟谙兵法，自言用兵“多多益善”，为后世留下了大量的军事典故：明修栈道、暗渡陈仓，背水为营，拔帜易帜，半渡而击，四面楚歌，十面埋伏等。其用兵之道，为历代兵家所推崇。作为军事家，韩信是继孙武、白起之后，最为卓越的将领，其最大的特点就是灵活用兵，是中国战争史上最善于灵活用兵的将领，其指挥的井陉之战、潍水之战都是战争史上的杰作；作为战略家，他在拜将时的言论，成为楚汉战争胜利的根本方略；作为统帅，他一人之下，万人之上，率军出陈仓、定三秦、破代、灭赵、降燕、伐齐，直至垓下全歼楚军，无一败绩，天下莫敢与之相争。为辅助刘邦建立汉朝，他立下赫赫战功，是著名的“汉初三杰”之一。刘邦称他“连百万之众战必胜攻必取”。但韩信终因“功高不赏，威震人主”，遭忌嫌，以“谋反”罪名被诛，后世为其鸣冤者世代不绝。韩信著有《韩信兵法》三章，久已亡佚。

太史公说：“我去淮阴，淮阴人对我说，韩信即使是平民的时候，他的志向也和众人不同。他母亲死的时候，穷得无法埋葬，然而他却四处寻找高而宽敞的坟地，让坟地旁边能安置一万户人家。我看了她母亲的坟墓，的确是这样子。假如韩信能够学道，学会谦让，不炫耀自己的功劳，不矜夸自己的才能，那就差不多了，他对汉朝的功勋，就可以跟周公、召公、姜太公这些人所建的功勋相比，享用后代的祭祀。可是他不这样做，而在天下已经安定的时候去图谋叛乱，他的宗族被诛杀，不也是应该的吗？”

◆曹　操

曹操（公元155—220年）即魏武帝，字孟德，沛国谯（今安徽省

毫州市）人。东汉末年杰出的政治家、军事家、文学家、诗人。政治军事方面，曹操消灭了众多割据势力，统一了中国北方大部分地区，并实行一系列政策恢复经济生产和社会秩序，奠定了曹魏立国的基础。文学方面，在曹操父子的推动下形成了以三曹（曹操、曹丕、曹植）为代表的建安文学，史称“建安风骨”，在文学史上留下了光辉的一笔。

韩 信

公元184年汉末黄巾起义时曹操显露头角，后被封为西园八校尉之一，参与了天下诸侯讨伐董卓的战争。董卓死后，曹操独自发展自身势力，纵横乱世，南征北战，先后战胜了吕布、袁术，并接受了张绣的投降。公元200年10月，曹操在官渡（河南中牟县东北）以少胜多挫败河北袁绍10万军队，公元201年在仓亭（河南管县东北）再次击破袁绍大军，并于公元207年12月北伐三郡乌桓，彻底铲除了袁氏残余势力，基本统一了中原地区。公元208年，曹操成为东汉政权丞相。公元208年7月，曹操南征荆州刘表，12月于赤壁与孙刘联军作战，失利。公元211年7月，曹操领军西征击败了以马超为首的关中诸军，构筑了整个魏国基础。公元212年又击败了汉中张鲁，至此，三国鼎立之势基本成型。公元213年，汉献帝派御史大夫册封曹操为魏国国王，于邺城建立魏国王宫，享有天子之制，获得“参拜不名、剑履上殿”的至高权力。公元220年，曹操于洛阳逝世，享年66岁，谥号“武王”，葬于高陵。

长篇历史小说《三国演义》里面，因为文学上的需要而表现出了明显的贬曹笔法。然而《三国志》对他的评价则是魏蜀吴三国君主之中最高者，陈寿评价曹操为“汉末，天下大乱，雄豪并起，而袁绍虎视四州，强盛莫敌。太祖运筹演谋，鞭挞宇内，揽申、商之法术，该韩、白之奇策，官方授材，各因其器，矫情任算，不念旧恶，终能总御皇机，克成洪业者，惟其明略最优也。抑可谓非常之人，超世之杰矣。”曹操唯才是用，军事上战术战略灵活多变。他对东汉末年中国北方的统一，经济生产的恢复和社会秩序的维系有着重大贡献。在内政方面，曹操创立屯田制，命令不用打仗的士兵下田耕作，减轻了东汉末年战时的粮食问题。

◆铁木真

孛儿只斤·铁木真（1162—1227年）即成吉思汗，蒙古历史上的杰出政治家、军事家，公元1206年被推举为蒙古帝国的大汗，统一了蒙古高原各部落。铁木真在位期间，多次发动征服战争，征服地域西达黑海海滨，东括几乎整个东亚，建立了世界历史上著名的横跨欧亚两洲的大帝国之一。

一代天骄成吉思汗生的年代，中国北方正处在女真族的金朝统治之下。大漠南北草原各部各自

铁木真

独立，互不统属。金朝对其实行“分而治之”和屠杀掠夺的“减丁”政策。1146年，蒙古部首领俺巴孩汗被金熙宗以“惩治叛部法”的名义，残酷地钉死在木驴之上。蒙古部落联盟曾经组织了多次反抗斗争，他们的几代先人为此付出了鲜血与生命。在这种社会环境下出生的铁木真，自然也将战胜金国看作是他一生中最主要的奋斗目标。

铁木真18岁时，昔日的仇敌

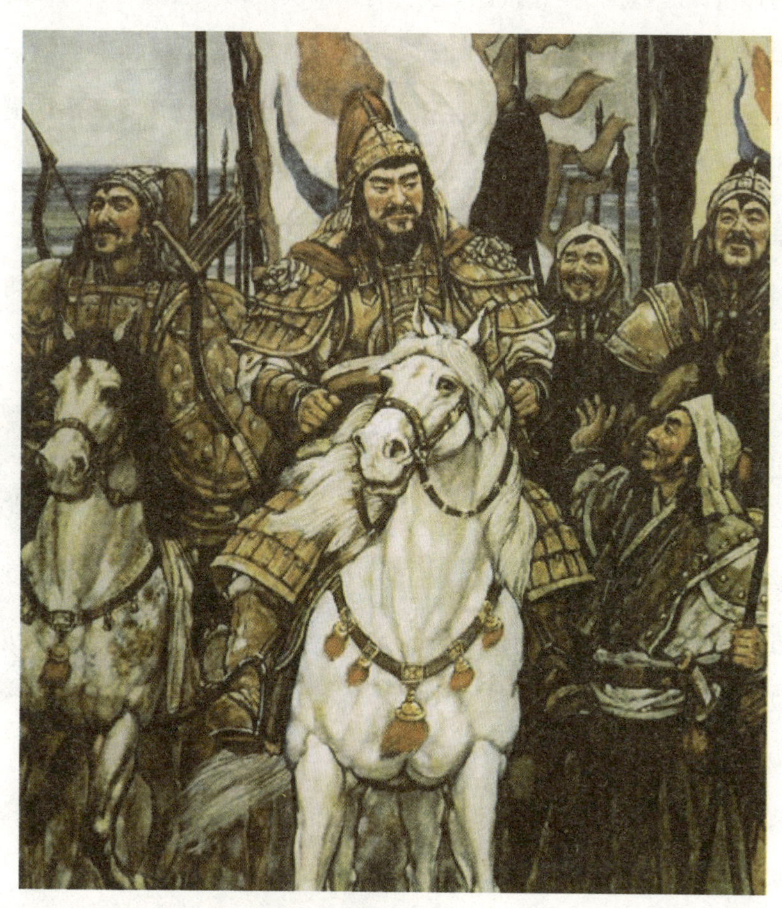

铁木真

蔑儿乞部的脱脱部长抢走了他的妻子。于是铁木真向蔑儿乞部开战，并打败了蔑儿乞人。1184年前后，铁木真被推举为蒙古乞颜部的可汗。铁木真称汗引起了雄心勃勃的札木合的忌恨，札木合纠合塔塔儿、泰赤兀等13部向铁木真发动了“十三翼之战”。在铁木真一生所经历的60余场战争中，这是唯一一次没有打胜的战争。

1202年秋，铁木真集中兵力，消灭了其宿敌塔塔儿部。1203年秋，铁木真袭击了一直与自己争战不休的王汗的金帐，王汗父子被打败。强大的克烈部被消灭了，铁木真占据了水草丰美的东部草原——呼伦贝尔草原。在蒙古草原上只剩下乃蛮部还有力量能够与铁木真对抗，败于铁木真之手的各部贵族先后汇集于乃蛮汗廷，企图借助太阳汗的支持夺回自己失去的牛羊和牧场。但草原人民并不希望部落林立的局面重演，而未经战阵、不自量力的太阳汗也不堪一击，经过纳忽崖之战，貌似强大的乃蛮部被彻底消灭。

1206年，铁木真在蒙古的根本之地斡难河源头举行库里台选汗大会，铁木真被推举为成吉思汗，蒙古汗国宣告成立，这在蒙古史乃至中国和世界历史上都是一件大事。通天巫阔阔出以天神名义给铁木真上尊号为成吉思汗。铁木真分封功臣与诸子、诸弟和功臣，实行了具有草原特色的领户分封制——千户、万户与诸王制；创造了畏兀字书，制定了法律制度；征服了林中百姓和畏兀儿族政权。蒙古草原统一的时代终于到来了。

成吉思汗即位第四年（1209年），大举入侵西夏，引河水淹中兴府（今宁夏银川）迫使西夏纳女请和。六年，率大军南下攻金，兵分三路破华北各地。九年，因金帝献岐国公主请和，乃退兵。十年复以金帝迁都南京（今河南开封）为口实，攻占中都（今北京）。公元1227年，成吉思汗病死于六盘山。元世祖至元二年（1265年）上庙号太祖。次年，追上谥号圣武皇帝，至大二年（1309年）加谥法天启运圣武皇帝。

◆努尔哈赤

清太祖爱新觉罗·努尔哈赤（1559—1626年）与成吉思汗是中国历史上最为著名的两个少数民族统帅，在他们身上有很多相似之处，虽然努尔哈赤的成就不如成吉思汗，但并不代表他没有这个才能。金庸先生曾说过，努尔哈赤是继成吉思汗后，世界历史上400年间最卓越的军事天才。虽然这话说得有些过，但不难看出努尔哈赤的过人之处。

努尔哈赤在统一女真的战争中，先后在兆佳城之战、浑河之战、古勒山之战、叶赫城之战中，（特别是浑河之战，创造了以4人击败800人的奇迹），凭着坚强的意志、超人的智慧、卓越的军事才能，以外交争取与军事进攻相结合，采用远交近攻、分化瓦解，集中兵力、各个击破等策略，仅以遗甲13副起兵，经过36年的艰苦征战，最终由小到大，由弱变强，最终赢得了统一战争的胜利，堪称奇迹（成吉思汗统一蒙

清太祖爱新觉罗·努尔哈赤

古用了21年）。

努尔哈赤在明与后金的战争中，先后在抚顺之战、清河城之战、萨尔浒之战、河西之战中获胜，取得大片土地。特别是萨尔浒之战，努尔哈赤采取“凭尔几路来，我只一路去”的作战方针，集中优势兵力，各个击破。经5天激战，明军东、西、北三路全军覆没，唯南路军逃回，损失杜松、刘綎以下将领310余人，士卒45 870余人，马、骡、驼28 600余匹，以及大量武器装备。像这样的战役（包括台州之战等以少胜多的战役），在西方战史上，只有拿破仑的奥斯特里茨战役能与其媲美（在西方国

爱新觉罗·努尔哈赤

家很少有灵活用兵、以少胜多的战役，他们认为那是不可想象的。包括二战在内，也找不出几个以少胜多的战役来。所以当斯大林听说解放军在淮海战役中以60万打败80万，歼敌55.5万的战报后，连说是奇迹）。

努尔哈赤最终在宁远之战中败给了袁崇焕，主要原因并不是才能上的问题，而是火力上明显不如明军，明军用的是西洋大炮，努尔哈赤虽然人多，但无济于事。后来耿仲明降清，带去了大量的红衣大炮，清军才得以所向无敌。